이야기를 짓고 싶은 분들께

책 선전이지. 북바이북 간행.(오쓰카)

차례

	프롤로그	3
1교시	기승전결을 떠나 6컷 만화를 만들다	9
2교시	타로카드로 이야기를 만들다	19
3교시	세계에서 통하는 '이야기 구조'를 배우다	35
4교시	주인공은 고아, 무언가 부족하다	45
5교시	귀종유리담과 히루코의 운명	53
6교시	주인공을 여행부터 보내라	65
7교시	아임 유어 파더	73
8교시	영웅의 여행	85
9교시	세상에서 가장 단순한 이야기	95
10교시	러시아 마법민담의 비밀	105
11w교시	누군가 일을 저지르면서 이야기는 시작된다	115
12교시	성흔과 주인공	125
13교시	가짜 주인공의 등장	135
14교시	전학생은 왜 등장하는가	145

보강 • 캐릭터 학교

보강 ❶교시	할리우드식 캐릭터 작법	155
보강 ❷교시	인어를 만드는 옳은 방법	163
	저자 후기	172

실전 연습

「행위자 모델」 스토리 공식	17
「타로카드 식」 스토리 공식	27
이야기 제작용 타로카드	29
「통과의례」 스토리 공식	43
「영웅신화」 스토리 공식	61
「귀종유리담」 스토리 공식	63
「원질신화 제1막」 스토리 공식	81
「원질신화 제2막」 스토리 공식	83
「영웅의 여행」 스토리 공식	93
「모티프소」 스토리 공식	103
「31가지 러시아 민담 구성 요소」 키워드집 ①	113
「31가지 러시아 민담 구성 요소」 키워드집 ②	123
「31가지 러시아 민담 구성 요소」 키워드집 ③	133
「7가지 역할」 스토리 공식	143

1교시 기승전결을 떠나 6컷 만화를 만들다

① 주인공은 무언가를 찾는 게 일이다.
② 주인공에게 의뢰자(발신자)가 찾아와 의뢰를 한다.
③ 의뢰자가 '무언가'(대상자·대상물)를 가져오라고 시킨다.
④ 의뢰를 방해하는 놈(적)이 있다.
⑤ 한편 도와주는 사람이 있다.
⑥ 다행히 찾던 물건을 발견해 전달한다.

그럼 간단명료하게 설명하지.

'이야기'가 되려면 6가지 요소를 충족시켜야 해.

말하자면 그레마스는 6컷 만화가 이야기를 이루는 기본 중의 기본이라 본 거지.

복잡한 장편에는 못 써먹는 거 아닌가?

『빨간 모자』는 옛날이야기니까 스토리가 단순해서 우연히 맞아떨어진 거 아니에요?

설마 했는데 진짜 잡아 먹을 줄이야

1. 명탐정 홈즈는 범인 찾는 일을 한다.

2. 의뢰자가 홈즈를 찾아온다.

3. 실종된 남편을 찾아달라는 의뢰자의 부탁을 수락한다.

4. 범인이 홈즈를 방해한다.

5. 조수인 왓슨이 뜻밖의 힌트를 준다.

6. 실종됐던 남편은 무사히 아내 품으로 돌아온다.

본격 추리물인 『셜록 홈즈』는 물론이고, 이 구조에 따라 만든 작품이 몇 천 건도 넘는다구.

스토리 구조는 그렇다 치고! 왜 얘가 왓슨이냐구요! 앤 또 뭐야! 싫어 싫다구…! 셜록 홈즈라니

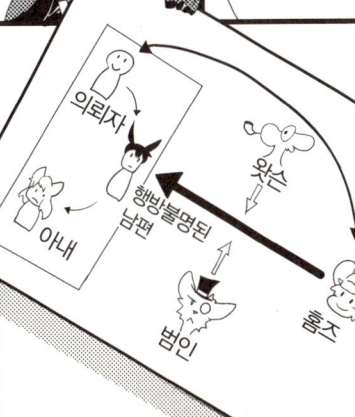

오쓰카 에이지도 『구로사기 시체 택배』에 활용했다죠.

그레마스의 행위자 모델은 주로 판타지물이나 탐정물에서 많이 나타나요.

LESSON #1 TRAINING SHEET

실전 연습

아래의 작례를 참조하여 다음 페이지의 빈칸에
① 주인공은 어떤 사람? ·················· → 주인공
② 의뢰자는 어떤 사람? ·················· → 발신자
③ 의뢰 내용은? ·························· → 대상
④ 적은 누구? 왜? ······················· → 적
⑤ 같은 편은 누구? 왜? ················· → 조력자
⑥ 결과는? ······························· → 수신자
를 문장이나 그림으로 채워봅시다!

작례 『빌리지라이저』의 줄거리
다카나시 다다시는 지역 활성화를 돕는 자원 봉사자이자 농대생. '토착 정령'과 '특산품의 정령'을 짝짓는 특수능력을 갖고 있다. 인구 감소로 인한 재정난으로 A시에 합병당하기 일보 직전인 B마을로부터 특산품 코디네이트 의뢰가 들어온다. 그런데 '토착 정령'은 처음 보는 야채와 과일을 거부하고, 합병 후 B마을에 공해 기업을 유치할 속셈인 시장 일당의 방해를 받는다. 그러다 도시화로 인해 A시를 쫓겨나는 '꿀벌 정령'과 알게 되고, B마을에 광대한 꽃밭을 가꾸어 벌꿀을 특산품화한다. 꽃밭이 볼거리가 되어 B마을에 관광객이 몰리고, 꽃밭에서 가까운 역이 있는 이웃 A시도 이득을 본다. 모두 '공생'의 대단함을 깨닫는다.

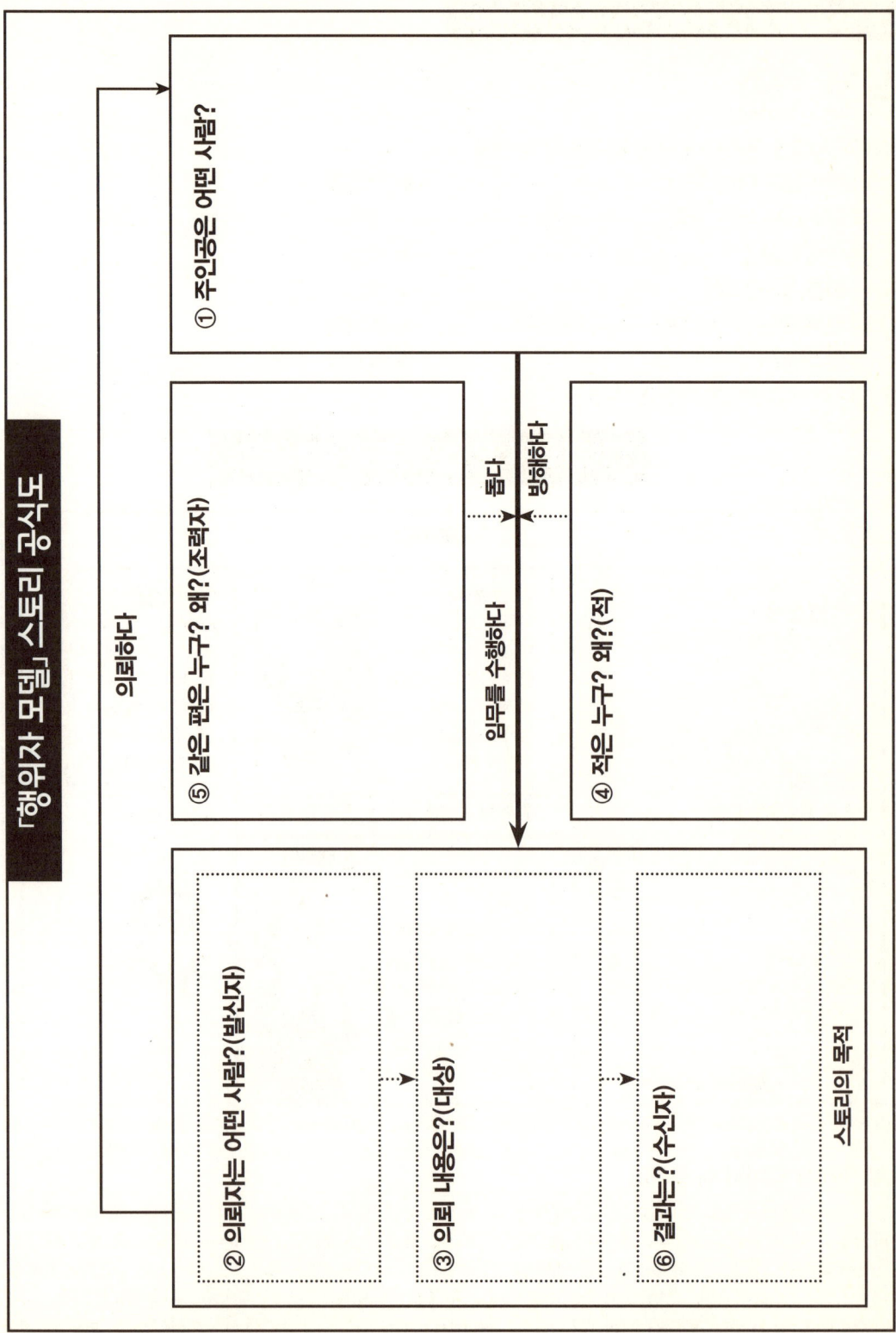

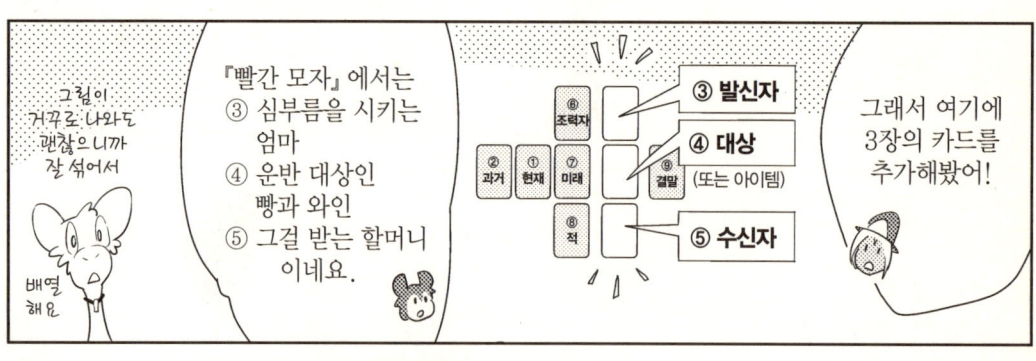

타로카드점 판
『다중인격 탐정 사이코』의
카드 배열

LESSON #2 TRAINING SHEET

실전 연습

다음 페이지에 나오는 타로카드를 오려서 아래 배치도의 번호 순으로 나열합니다. 카드에 적힌 키워드를 토대로 아래 작례를 참고하여 스토리를 만들어봅시다.

작례 「패턴남과 가미야 씨네 늑대 소녀」 줄거리

[① 현재 = 공식] 사에키 마야는 모든 행동이 같은 결과를 낳는 '패턴남'이었다. / [② 과거 = 이성] 예를 들면 왼쪽 발부터 양말을 신기만 하면 붓는다든지, 사에키가 결석한 날은 누구든 고백해도 퇴짜를 맞는다든지. 아버지(풋수)가 사에키의 능력을 이용해 도박에 빠졌다가 된통 당한 뒤로는 능력을 숨기고 지낸다. / [③ 발신자 = 의사(반대)] 하루는 선생님이 사에키를 불러 결석이 잦은 반 친구에게 인쇄물을 전하라는 심부름을 시킨다. / [④ 대상 = 서약(반대)] 그 친구는 거짓말쟁이로 유명한 '양치기 소녀' 가미야 레이였다. / [⑤ 수신자 = 변화] 그날, 뺀질이 줄로만 알았던 가미야에게 '부모님이 이혼 못 하게 도와달라'는 부탁을 받는다. / [⑥ 조력자 = 비호] 아들에게 여자친구가 생겼다고 오해한 사에키의 엄마(풋수)가 도와주라고 하는 바람에 '패턴'을 이용하기로 한다. / [⑦ 미래 = 관용] 소동의 원인이 된 가미야 아버지의 불륜이 오해였음을 밝혀내고 당장의 이혼은 면한다. / [⑧ 적 = 치유(반대)] 그러나 소동의 계기가 된 헛소문은 가미야가 지어낸 거짓말이었다. 가미야는 '있을 법한 일'을 말로 하면 현실이 되는 '패턴' 능력의 소유자였다. 그래서 주변 사람들에게 미움을 받아도 '있을 수 없는 일'을 거짓으로 지어내야만 했다. / [⑨ 결말 = 선량] 하지만 사에키와 함께 있으면 가미야가 능력을 발휘하지 못 하는 '패턴'을 발견하는 바람에 어쩔 수 없이 사에키는 그녀와 붙어 다니게 된다. 그런 사에키가 왠지 행복해보인다.

```
                    ⑨ 결말

    ③ 발신자      ④ 대상       ⑤ 수신자

    ⑥ 조력자      ⑦ 미래       ⑧ 적

                    ① 현재

                    ② 과거
```

「타로카드式」
스토리 공식 배치도

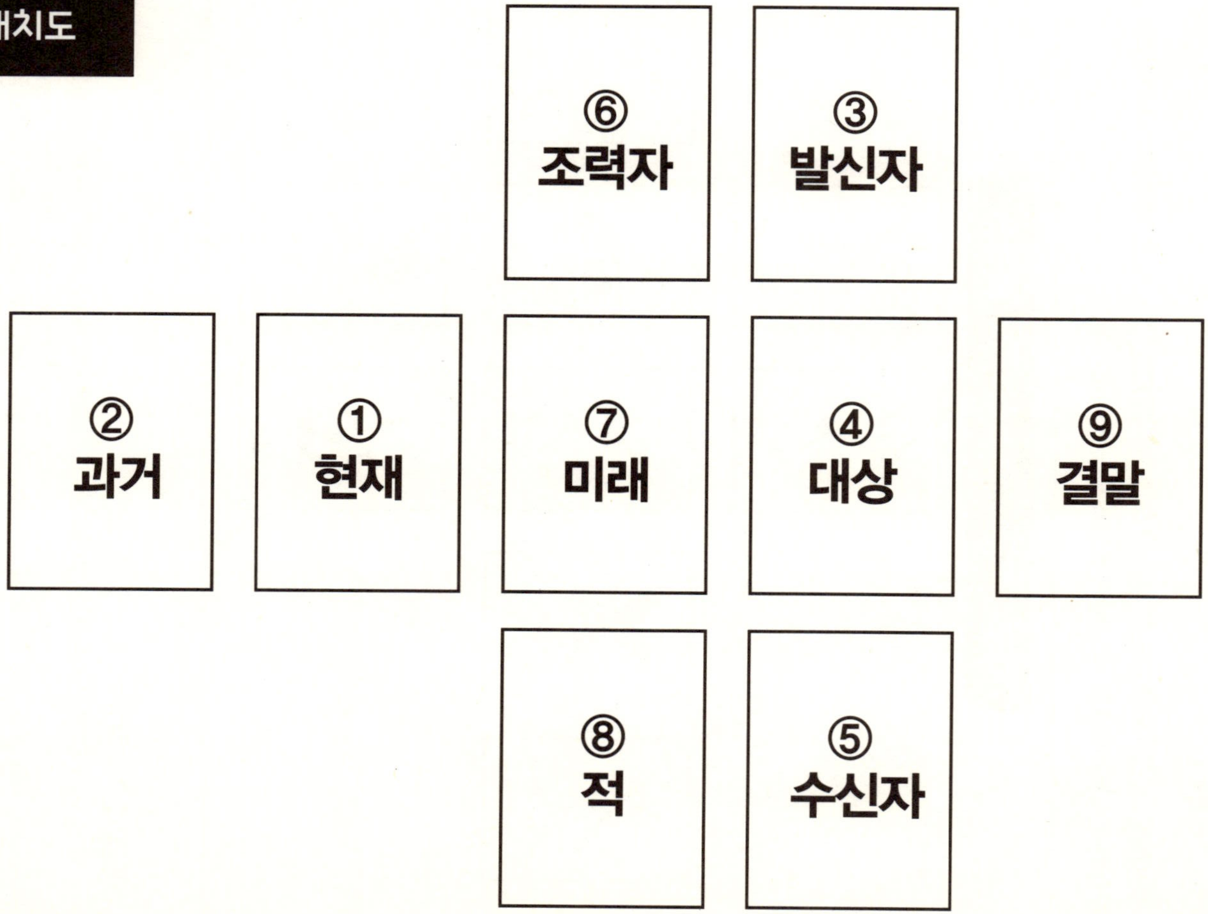

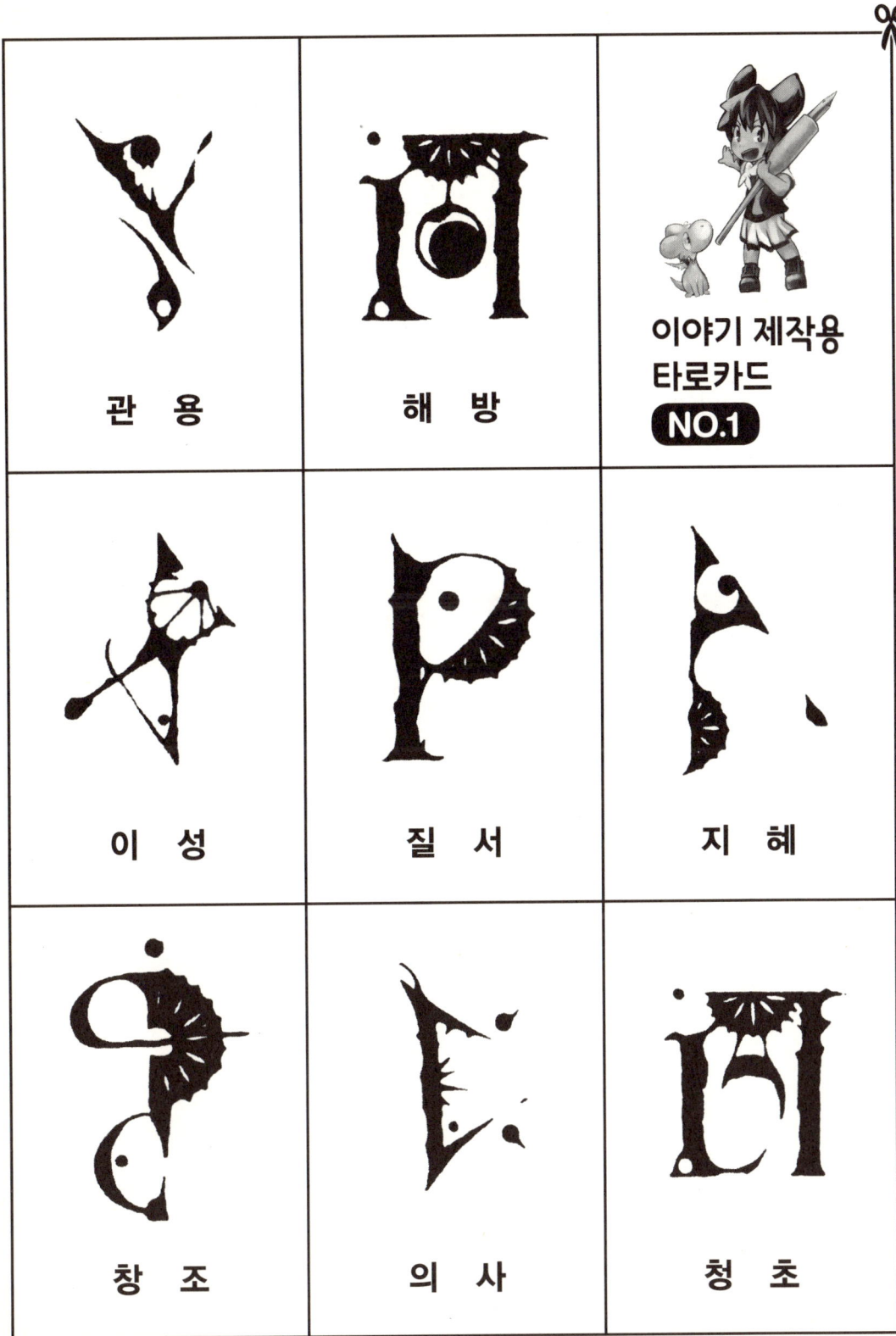

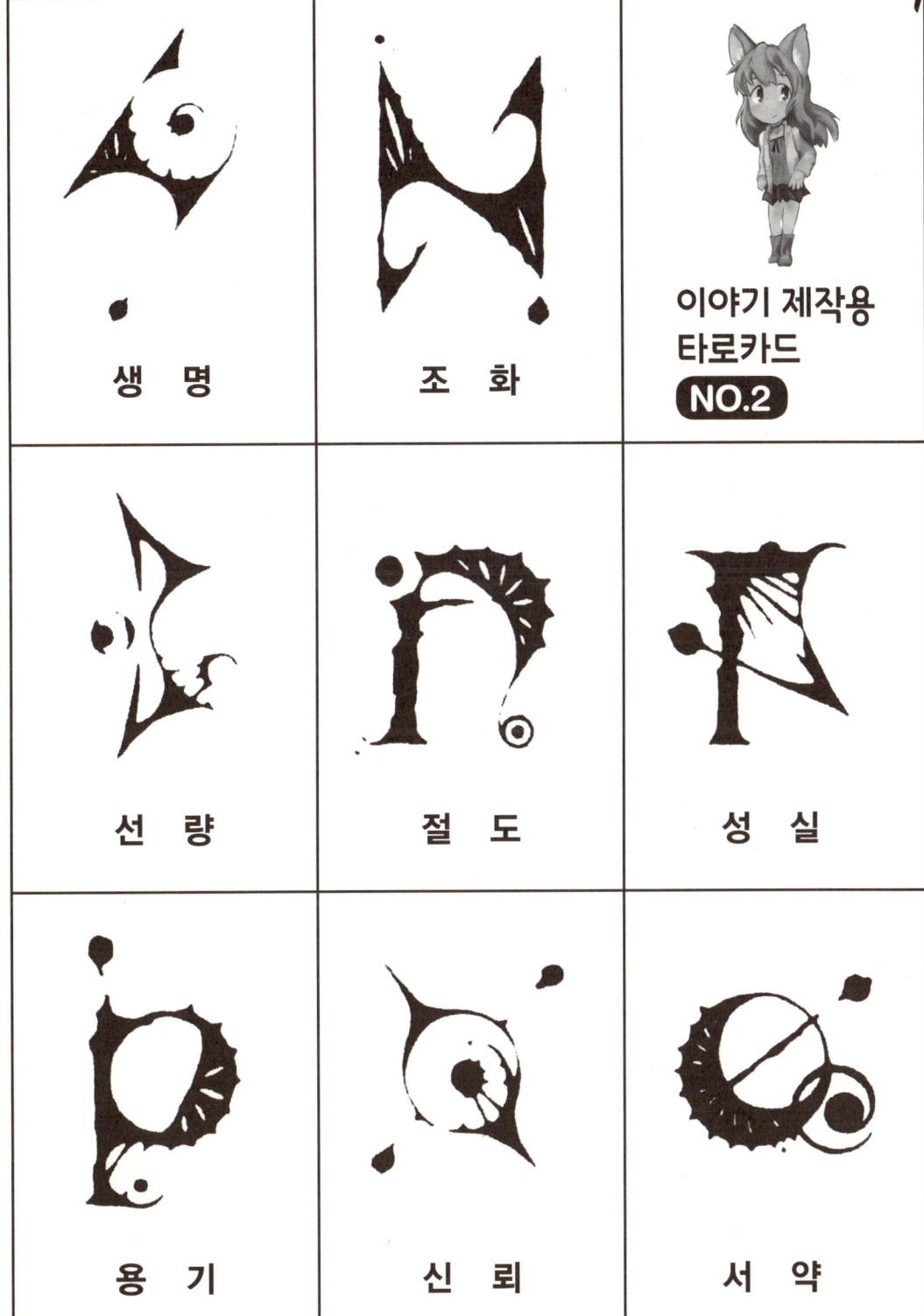

세계에서 통하는 '이야기 구조'를 배우자

일리 있네, 노구치 군(오쓰카)

아놀드 판 헤네프
Arnold van Gennep
(1873~1957)
민속학자. 통과의례 3단계를 제시했다.

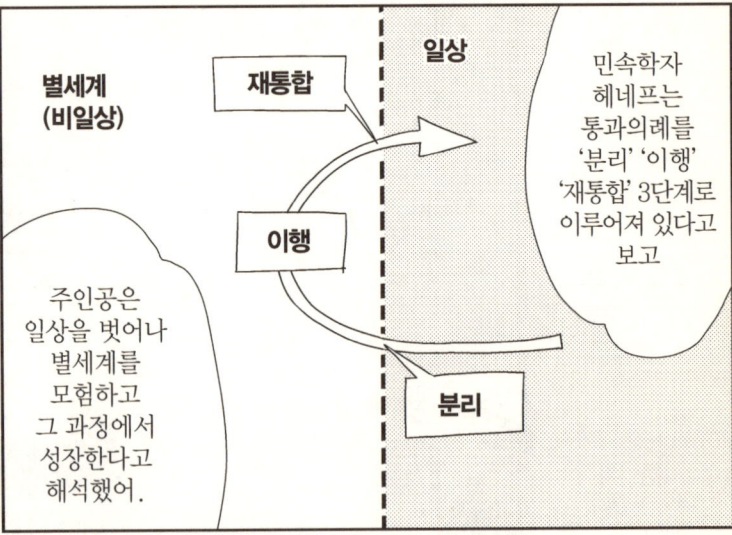

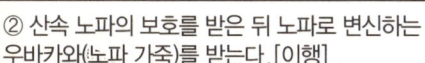

「우바카와」에선 주인공이 가까이만 가도 주인집 아들의 병이 낫듯이

연인을 살리기 위해 약이나 연인의 혼을 찾으러 길을 떠나는 패턴도 흔해.

<센과 치히로의 행방불명>에서 전철을 타고 제니바의 집으로 향하는 장면처럼.

지브리 애니메이션 중에선 <하울의 움직이는 성>이 「우바카와」랑 제일 비슷하고

<코쿠리코 언덕에서>도 얼추 비슷한 구성이야.

머~엉

지브리 애니메이션도 원 소재가 따로 있었구나.

<코쿠리코 언덕에서>의 경우

① 주인공 소녀 우미는 일찍이 아버지를 여의고 엄마는 돈을 벌기 위해 외국에 나가 있다. [분리]

② 할머니의 부탁으로 우미는 자택을 개조하여 만든 하숙집을 운영한다. 할머니와 함께 사는 그녀를 주변 사람들은 '메르'라고 부른다. [이행]

③ 메르는 하숙집을 실질적으로 운영한다.

④ 소년은 메르가 신호 깃발을 게양하는 사실을 알고 있다.

⑤ 소년은 메르가 자기 여동생인 줄 알고 그녀를 포기하려 한다.

⑥ 메르와 소년은 출생의 비밀을 아는 인물을 찾아간다.

⑦ 두 사람은 남매가 아님을 확인한다.

⑧ 두 사람의 사랑은 결실을 맺고 행복한 나날을 보낸다. [재통합]

POINT!

① 주인공은 부모·보호자의 품을 떠나 '고아 상태'가 된다.[분리]
↓
② 주인공은 부모가 아닌 다른 누군가의 보호 아래 임시 이름이나 모습을 부여받는다.[이행]
↓
③ 주인공은 임시 이름·임시 모습으로 노동을 한다.
↓
④ 주인공의 실명·실체를 알아보는 이성과 만난다.

LESSON #3 TRAINING SHEET

실전 연습

아래 작례를 참고하여 다음 페이지의 빈칸에 맞는 글 또는 그림을 채워 스토리를 만들어봅시다!

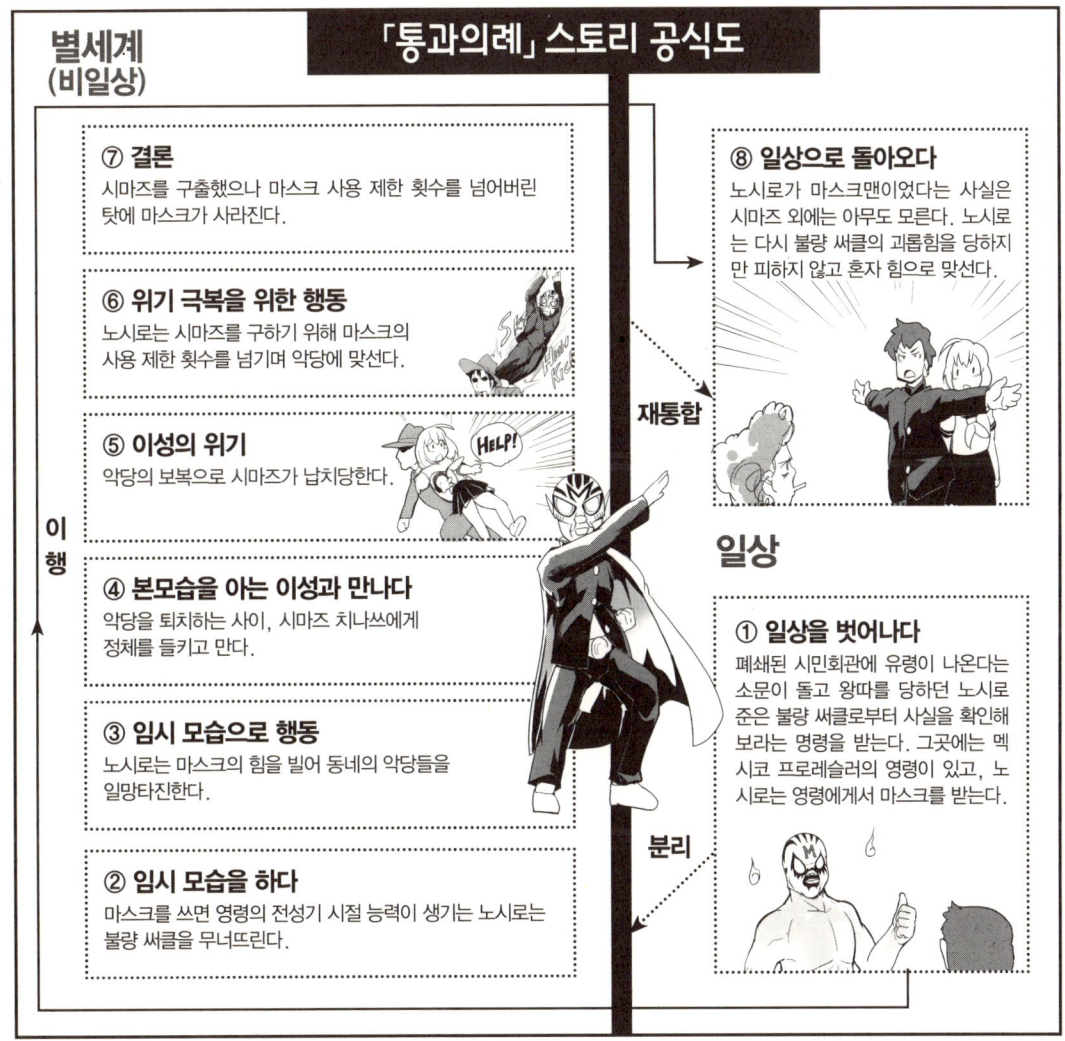

작례 「마스카라 콘트라 콤플렉스」의 줄거리
노시로 준은 폐쇄된 시민회관에서 쇼와 말기에 그곳에서 활동했던 유명 레슬러가 떨어뜨리고 간 마스크를 줍는다. 그 마스크에는 약한 레슬러를 강하게 만들었다는 '멕시코 프로레슬러의 영령'이 깃들어 있었다. 노시로는 영령의 파워를 얻을 수 있는 마스크를 사용해 마을의 악당들을 줄줄이 쓰러뜨린다. 그런 가운데 동창생 시마즈 치나쓰가 누군가에게 납치된다. 그녀를 구하기 위해서는 마스크의 하루 사용 횟수를 넘길 수밖에 없다. 고민 끝에 노시로는 마스크를 이용해 시마즈를 구출. 마스크는 사라지고 만다. 다시 껄렁한 친구들에게 괴롭힘을 당하지만, 이제는 혼자 힘으로 맞서는 노시로가 됐다.

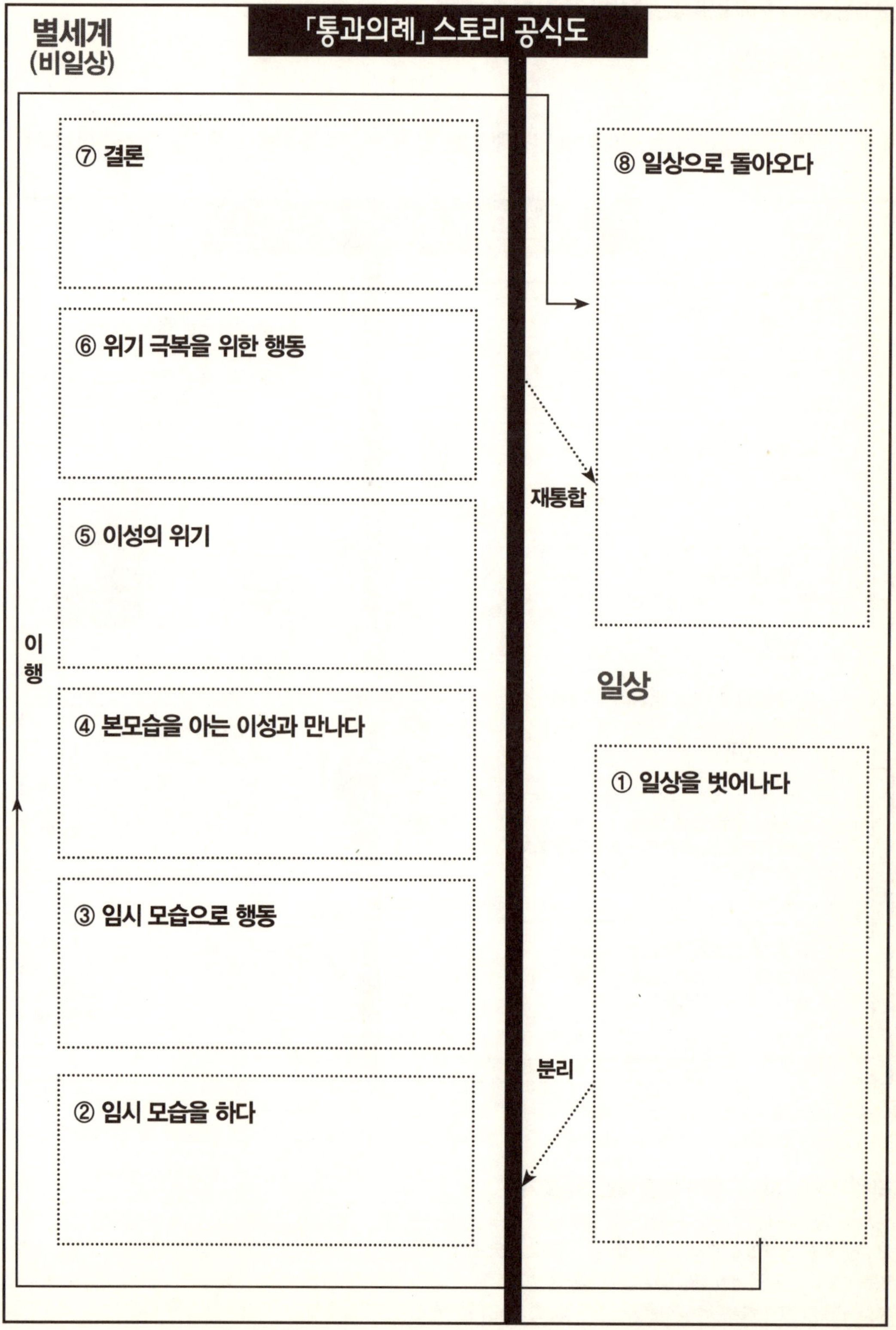

「통과의례」 스토리 공식도

별세계 (비일상)

⑦ 결론

⑥ 위기 극복을 위한 행동

⑤ 이성의 위기

④ 본모습을 아는 이성과 만나다

③ 임시 모습으로 행동

② 임시 모습을 하다

이행 ↑

⑧ 일상으로 돌아오다

재통합

일상

① 일상을 벗어나다

분리

바로 그거야! 주인공의 본질이라고 해도 과언이 아니지.

소년만화 같으면 출생의 비밀을 밝히고 저주를 풀기 위해 여행이라도 떠날 텐데.

히루코가 너무 가여워요.

히루코의 경우, 저주받아 완전한 몸으로 태어나지 못한 점이 ②에 해당하지.

POINT!

쉽게 말해, 주인공이란
① 버림받는다.
② 뭔가 결여 또는 부족한 상태다.

전형적인 주인공은 이 두 가지 요소를 꼭 갖추고 있다는 말씀!

프로이트는 이런 현상을 '가족 로망스'라고 불렀죠.

오토 랑크
Otto Rank
(1884~1939)

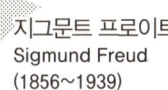

지그문트 프로이트
Sigmund Freud
(1856~1939)

오토 랑크와 그의 스승 프로이트에 의하면 애들은 한 번씩 '우리 엄마 아빠는 진짜 엄마 아빠가 아닐 거야. 난 고아야. 어딘가 진짜 가족이 분명 있을 거야!!' 라는 공상을 한다고 해요.

어른이 이런 공상을 말하면서 진짜로 믿으면 정신과에선 망상, 인류 공통의 이야기가 되면 신화, 개인이 글로 옮기면 소설이 된다고 해요.

참고로 오쓰카 에이지도 어릴 때 똑같은 말을 했대요.

뭐!? 또 어디서 쓸데없는 정보는 듣고 와서…

아~~앙!
우리 부모님은 진짜 부모가 아니었어!

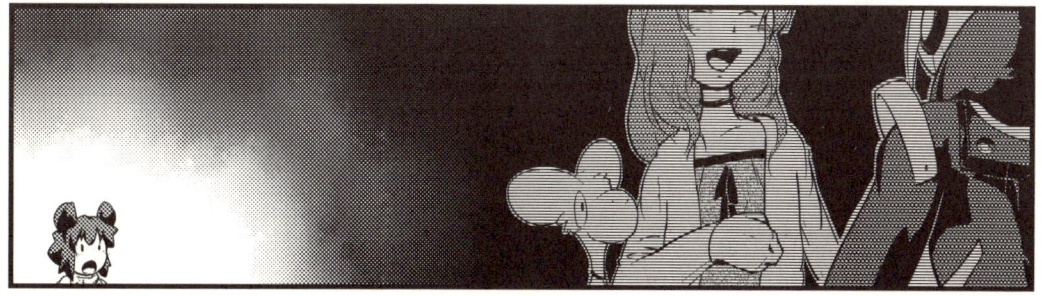

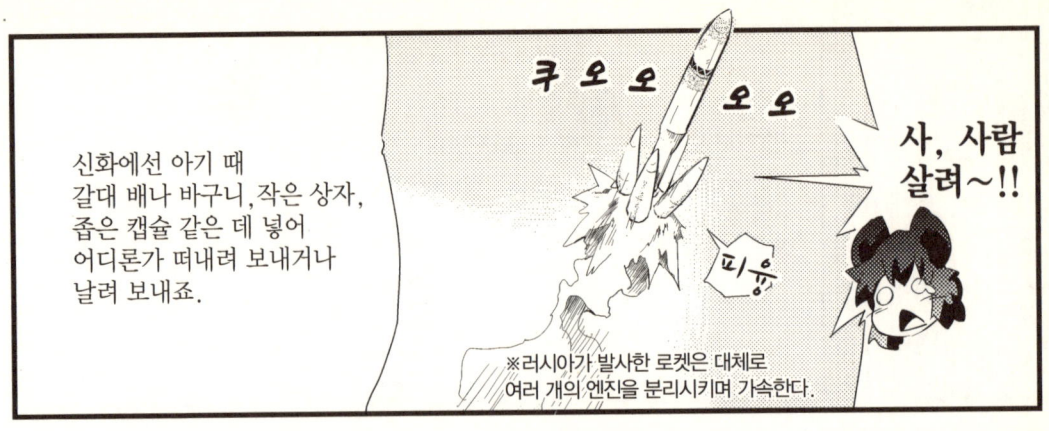

• 히루코蛭子를 에비스라 읽는 경우도 있다.

• 이 전설에서 아마테라스는 남성신입니다.

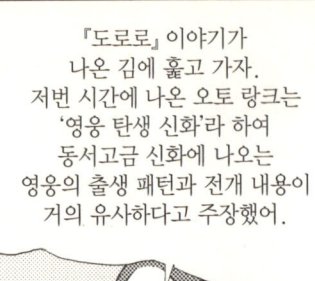

영웅신화의 구조

1. 주인공은 고귀한 신분으로 태어난다.
2. 자식이 태어나자 아버지가 금기를 깬다.
3. 아이는 사람이 아닌 모습으로 태어난다.
4. 아이를 상자나 배에 실어 강물에 떠내려 보낸다.
5. 미천한 사람들이 아이를 살린다.
6. 아이는 사람의 모습을 되찾기 위해 여행을 떠난다.
7. 아이는 자기와 비슷한 처지에 있는 누군가의 도움으로 사람으로 변한다.
8. 아이는 자신과 아버지의 관계를 알게 되고, 때로는 여행 막바지에 아버지를 죽이고 영예를 얻기도 한다.

신화는 아니지만 『도로로』의 스토리도 이 패턴과 똑같아.

민속학자 오리구치 시노부는 이런 패턴을 **'귀종유리담'** 이라 명명했어요.

히루코는 아버지를 죽이지 않고 가구야히메도 얼렁뚱땅 달로 돌아가는 등 일본의 경우는 영웅 탄생 신화와는 좀 다른 패턴을 보입니다.

만화 귀종유리담

② 주인공은 천상계(천계 또는 고귀한 생활)에서 죄를 짓고 유리(추방)된다.

① 주인공은 고귀한 신분이거나 신이다.

④ 주인공이 어릴 경우에는 '거두어 키우는 존재'가 있다.

③ 주인공이 어릴 경우에는 특히 '우쓰보후네'에 탄 채 떠내려 보내진다.

'우쓰보후네'란 속이 텅빈 밀폐된 배를 뜻합니다.

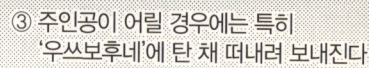
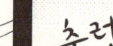

LESSON #4 TRAINING SHEET

실전 연습

아래 작례를 참고하여 다음 페이지의 빈칸에 맞는 글 또는 그림을 채워 '소년만화'용 8컷 스토리를 짜보세요!

「영웅신화」 스토리 공식도

② 아버지·윗사람이 어긴 금기사항은?
다른 학교로 입학이 결정된 하자마를 자신이 유도부 고문으로 있는 학교에 억지로 입학시킨다.

① 주인공은 얼마나 고귀한가? 대단한가?
하자마 다케시는 올림픽 대표 유망주로 촉망받는 유도선수다.

④ 어떤 식으로 쫓겨나나?
스포츠 특기생인데 유도부를 탈퇴하자 전학을 가게 된다.

③ 그 결과 주인공은 어떻게 되나?
낯선 환경과 과도한 연습으로 장기 치료가 필요한 부상을 입는다.

⑥ 원상복귀하기 위해 어떤 시련을 경험하나?
재활 치료도 할 겸 되치기 기술만 연습하는 동안 화기애애한 유도부에 정이 든다.

⑤ 누구의 도움을 받는가? (주인공보다 처지가 못한 사람)
새 학교에서 문화부 출신 떨거지만 모인 실력 없는 유도부에 들어오라는 간청을 뿌리치지 못하고 승낙한다.

⑧ 아버지·윗사람을 어떻게 쓰러뜨리나 (용서했나)?
지구 예선에서 아버지가 키운 선수와 붙어, 새로운 무기 '제비 되치기'로 승리. 아들에게 찬사를 보낸 아버지는 고문직을 물러난다.

⑦ 주인공을 원래 자리로 돌아가게 하는 비슷한 처지의 인물은?
다이어트 목적으로 가입한 여자 부원에게서 요가를, 만화광 부원에게 데생용 인형을 이용한 효율적인 몸놀림을 배운다.

작례 「제비 되치기!」의 줄거리

부상으로 유도부를 나온 하자마 다케시는 전학 간 학교에서도 유도부 입회를 권유받는다. 다시 시작할 맘이 없다며 거부하지만 유도부원의 간곡한 부탁을 거절하지 못하고 입회한다. 고문의 제안으로 재활을 겸한 '되치기 기술'을 집중 연습한다. 학교폭력, 왕따 등의 문제를 안고 있으면서도 연습을 게을리하지 않는 부원들에게 어느새 정이 든다. 부원들에게서 힌트를 얻으며 기술을 연마하고, 예전에 자신이 소속되었던 유도부와의 대결에서 이겨 아버지를 감동시킨다.

「영웅신화」 스토리 공식도

② 아버지·윗사람이 어긴 금기사항은?

① 주인공은 얼마나 고귀한가? 대단한가?

④ 어떤 식으로 쫓겨나나?

③ 그 결과 주인공은 어떻게 되나?

⑥ 원상복귀하기 위해 어떤 시련을 경험하나?

⑤ 누구의 도움을 받는가?
(주인공보다 처지가 못한 사람)

⑧ 아버지·윗사람을 어떻게 쓰러뜨리나 (용서했나)?

⑦ 주인공을 원래 자리로 돌아가게 하는 비슷한 처지의 인물은?

LESSON #5 TRAINING SHEET

실전 연습

아래 작례를 참고하여 다음 페이지의 빈칸에 맞는 글 또는 그림을 채워 '소녀만화'용 6컷 스토리를 만들어봅시다!

「귀종유리담」 스토리 공식도

② 주인공이 실수하거나 잃은 것은?
어릴 때 사야카의 능력을 목격한 반 친구는 무섭다며 그녀를 피한다.
주로 감정이 격양될 때 나타나며 변명하려고 애쓸수록 심해진다.
그래서 평소 말이 없다.

① 주인공은 얼마나 고귀한가? 대단한가?
니노지 사야카는 의사성대경화촉증이라 하여 목소리가 물질이 되는 초능력의 소유자. 자신의 초능력을 이용해 남몰래 사람들을 돕는다.

④ 같은 편이 되어준 인물은?
우연히 같은 반의 우스가모리 교헤이에게 초능력을 들키지만, 교헤이는 오히려 "짱이다!"라고 선망의 눈길로 바라봐준다.
난생 처음 친구가 생긴다.

③ 어떻게, 어디로 추방 혹은 버려졌나?
문제가 될 때마다 전국 각지로 전학을 간다.

⑥ 그 결과 어떻게 됐나?
이주를 막기 위해 공항에 나타난 교헤이.
그 위로 짐을 가득 실은 카트가 낙하. 엉겁결에 초능력으로 교헤이를 살려내지만, 구경꾼들은 무서워하기는커녕 우뢰와 같은 박수로 축복. 더이상 능력을 숨기지 않고 행복하게 산다.

⑤ 잃어버린 것을 회복하기 위한 시련은?
해외의 유능한 의사에게 목 수술을 받으면 능력이 사라진다는 정보를 들은 부모가 해외 이주를 결심한다. 평범한 아이로 돌아가는 대신 교헤이와 헤어질 날이 다가온다.

작례 「하울링 걸」의 줄거리
니노지 사야카는 목소리 자체가 물질이 되는 병 '의사성대경화촉증(하울링 보이스)'을 앓고 있다. 사람들이 자신을 무서워하며 피하는 게 두려워 외롭게 지내던 중, 우연히 강아지를 구하기 위해 초능력을 사용하는 현장을 우스가모리 교헤이에게 들키고 만다. 비밀을 공유하게 된 두 사람은 친해지지만, 사야카의 해외 이주로 인해 이별할 시간이 다가오고. 공항에서 사고를 당할 뻔한 교헤이를 구하기 위해 사야카는 초능력을 쓰게 된다. 그런데, 사람들은 무서워하기는커녕 환호성을 지른다. 자신의 능력을 장점으로 볼지 단점으로 볼지는 마음먹기에 달렸다는 사실을 깨달은 사야카는 이주를 포기하고 자신의 능력을 유용하게 쓰게 된다.

「귀종유리담」 스토리 공식도

② 주인공이 실수하거나 잃은 것은?

① 주인공은 얼마나 고귀한가? 대단한가?

④ 같은 편이 되어준 인물은?

③ 어떻게, 어디로 추방 혹은 버려지나?

⑥ 그 결과 어떻게 됐나?

⑤ 잃어버린 것을 회복하기 위한 시련은?

6교시 주인공을 여행부터 보내라

그럼 이번 시간에는 DVD부터 보겠습니다!

아, 〈스타워즈〉다!

그걸로 무슨 공부가 된다고 니들도 참.

아아! 방송할 때 스튜디오에서 다모리 씨랑 C-3PO가 같이 나왔던 그거 말이구나.

마쓰자키 시게쿠가 한 솔로 역으로 나오늘

더빙판으로 보고 싶어요!

DVD-BOX에 특별 영상도 들어 있음!

사실 〈스타 워즈〉는 신화 구조론에 토대를 두고 스토리를 구성한 영화로도 유명하답니다.
그래서 이번 시간은 메이킹 필름을 수록한 DVD를 준비했어요. 관심 있는 분은 꼭 챙겨보시길.

조지프 캠벨
Joseph Campbell
(1904~1987)

신화학자 조지프 캠벨. 조지 루카스 감독이 그의 제자로 들어가 포스 대신 얻은 것이 '단일신화론'이라는 개념이랍니다.

서사론에서는 대개 이야기를 몇 가지 패턴으로 분류하는데, 캠벨은 단 하나의 '원질신화(monomyth)'에서 동서고금의 모든 신화가 파생했다고 보고 『천의 얼굴을 가진 영웅』이란 책을 냈어요.

이 책에선 동서고금의 모든 신화에 등장하는 주인공은 이름이나 외모가 다를지라도 한 명의 '원질신화'가 '천'개의 '가면'을 쓰고 있는 것과도 같다고 주장했죠.

그렇다면 신화판이라 보면 되나요?

뭐, 크게 틀린 말은 아니야.

전대 히어로는 매년 이름과 코스튬은 바뀌어도 연기 패턴이 비슷비슷해요.

어떤 복면을 뒤집어써도 본질은 모두 미르 마스카라스라.

뭔 말인지 모르갰대두

Step4 첫 경계의 통과

여기서 실력을 시험하려는 '경계 문지기 (게이트키퍼)'라는 캐릭터가 등장합니다. 〈스타 워즈〉에선 한 솔로, 신화에선 수상한 노인이 나타나 이 곳을 넘어서는 순간 도처에 위험이 도사리는 세계가 펼쳐진다고 암시하죠.

7교시
아임 유어 파더

뭐 해요, 지금?

이번 수업은 돌고래 호텔이 아닌 고래 호텔에서 전해드리겠습니다.

사소한 데 신경 쓸 필요 없대두.

무라카미 하루키

지난 줄거리

〈스타 워즈〉나 유명한 TRPG 크리에이터도 써먹었다는 이야기 구조.
전 세계 신화는 동서고금을 막론하고 전부 단 하나의 '원질신화'에 뿌리를 둔다고 단언한 조지프 캠벨의 주장을 배우는 동안, 선택받고 고민하고 능력을 손에 넣어 동료를 만나고…… 스토리가 술술 풀린다 싶더니 난데없이 고래라는 괴물에게 잡아먹힌다.

꿀꺽!

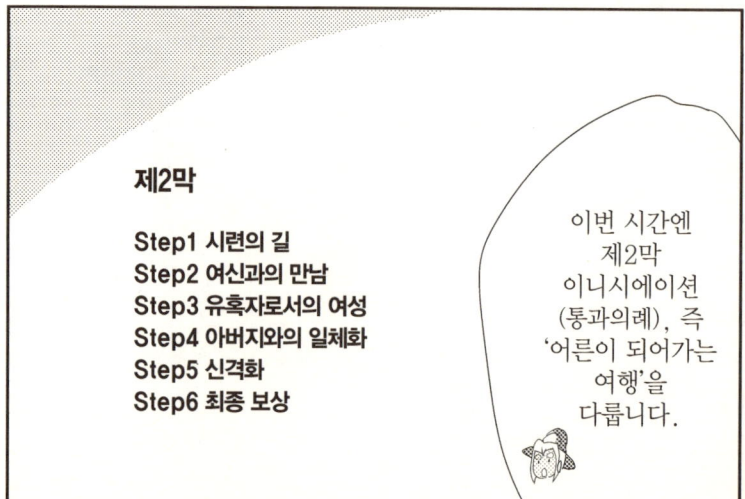

LESSON #6 TRAINING SHEET

실전 연습

아래 작례를 참고하여 다음 페이지의 빈칸에 맞는 글 또는 그림을 채워 이야기 전반부를 만들어봅시다!

「원질신화 제1막」 스토리 공식도

② 의뢰를 거절하는 이유는?
(소명의 거부)
아버지에게 들어온 의뢰이므로 루이 자신이 맡을 일이 아니었다. 루이의 아버지는 최근에 돌아가셨다.

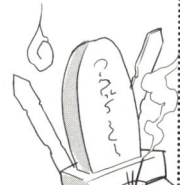

① 주인공에게 들어온 의뢰는?
(모험으로의 소명)
에도의 한 검도 도장의 딸, 사사키 루이에게 동네의 기강을 어지럽히는 쓰지기리(무사가 칼의 성능을 시험하기 위해 한밤중에 행인을 베는 일 또는 그런 사람-옮긴이)의 하수인을 수색하라는 의뢰가 들어온다.

④ 주인공이 받은 의뢰가 얼마나 힘든자를 가르쳐주는 존재·알게 되는 계기는?
(첫 경계의 통과)
루이는 도장을 널리 알리기 위해 기발한 차림을 하고 '가부키모노(에도 시대 전기 특이한 복색을 하고 튀는 언동을 일삼던 사람 또는 그런 협객 무리-옮긴이)'로서 수색을 개시. 도중에 날치기범을 만나 혼쭐을 내고 그 세계 사람이라면 알 수도 있겠다 싶어 물으니 잔뜩 겁에 질려, '시라사야'와는 절대 엮이지 말라는 충고를 듣는다.

③ 의뢰를 수락하도록 부추기는 존재는? 받은 아이템은?(초자연적 존재의 원조)
'아가씨에겐 무리겠군요'라는 말에 수긍하나, 도장을 유지하려면 수색 사례금이 필요하다. 아버지의 유품인 단검을 바라보는 사이 도장에 쏟은 아버지의 열정을 떠올리고 의뢰를 받아들이기로.

⑤ 첫 위기는?(고래 태내)
시라사야 칼을 가진 인물을 찾아 수색을 하는 루이.
그러나 루이의 행동을 곱게 보지 않는 무리들의 덫에 걸려, 쓰지기리의 하수인이란 누명을 쓰고 투옥된다.

작례 「미녀 가부키모노의 사건 수첩」 전반 줄거리

동네 도장의 딸, 사사키 루이는 에도에서 빈발하는 '쓰지기리'의 하수인을 찾아내기 위해 동분서주한다. 여자답지 않은 '가부키모노'로 소문이 난 루이는 덤벼드는 사내들을 가볍게 해치운다. 드디어 쓰지기리의 하수인이란 인물의 정보를 입수하나, 루이의 행동을 방해하는 라이벌 도장들의 거짓말로 인해 하수인으로 오해를 받고 감옥에 갇힌다.

「원질신화 제1막」 스토리 공식도

② 의뢰를 거절하는 이유는?
(소명의 거부)

① 주인공에게 들어온 의뢰는?
(모험으로의 소명)

④ 주인공이 받은 의뢰가 얼마나 힘든지를 가르쳐주는 존재·알게 되는 계기는?
(첫 경계의 통과)

③ 의뢰를 수락하도록 부추기는 존재는? 받은 아이템은?(초자연적 존재의 원조)

⑤ 첫 위기는?(고래 태내)

LESSON #7 TRAINING SHEET

실전 연습

아래의 작례를 참고하여 다음 페이지의 빈칸에 맞는 글 또는 그림을 채워 전편에 이은 후속편을 마무리합시다!

「원질신화 제2막」 스토리 공식도

② 여주인공은 어떤 사람인가?(여신과의 만남)
쓰쿠모는 검술은 뛰어나지만 성격이 온순해 루이의 눈에 무사로서는 미흡해 보인다. 어릴 때부터 봐온 사이라 연인으로는 좀처럼 발전하지 못한다.

① 첫 위기를 어떻게 벗어나나?(시련의 길)
루이의 후견인인 이시타니 근위부 판관의 입김 덕에 풀려나지만 고스기 쓰쿠모와 결혼해, 남편에게 가독을 물려주는 조건이 붙는다. 승낙하는 척한다.

④ 라스트 보스는 어떤 인물? 무엇이 대단한가? 어떻게 쓰러뜨리나?(아버지와의 일체화)
쓰지기리의 하수인은 '시라사야 겐지'라 불리는 비상한 검술 능력을 가진 낭인으로, 루이 아버지의 수제자였던 사내. 겐지는 '자신을 죽여줄 사무라이'를 찾겠다는 광기에 사로잡혀 쓰지기리에 빠져 있었다. 루이는 아버지에게 맨 처음 배웠던 '왕대 쪼개기' 기술로 이긴다.

③ 주인공과 여주인공 사이에 끼어드는 여성은 누구?(유혹자로서의 여성)
시이바 사나. 호쿠신모 류의 문하생으로 스승의 검술을 고스란히 전수받은 실력자. 통칭 '오니코마치'. 루이가 언니처럼 따르나 쓰쿠모를 좋아한다. 사나의 심정을 들은 루이도 쓰쿠모를 향한 자신의 연정을 깨닫는다.

⑥ 그리고 어떻게 됐나(결론)? (최종 보상)
무용담이 퍼지면서 입문생이 쇄도. 하수인을 찾다가 부상당한 쓰쿠모에게 병문안을 갔다가 그를 향한 연정을 재확인한다. 그리고 쓰쿠모를 제대로 단련시키겠다고 선언한다.

⑤ 쓰러뜨린 라스트 보스로부터 물려받은 것은?(신격화)
겐지의 칼은 아버지에게서 훔쳐간 장검이었다. 그 사실을 들키지 않으려고 칠도 하지 않은 칼집(시라사야)에 꽂아 차고 다녔던 것이다. 도장을 지켜보듯 장단검이 한자리에 놓여 있다.

작례 「미녀 가부키모노의 사건 수첩」 후반 줄거리

루이는 고스기 쓰쿠모와 결혼하여 가독을 물려주겠다고 약조하는 대신 풀려난다. 그 이야기를 들은 시이바 사나는 쓰쿠모에 대한 연정을 털어놓고 루이도 그제서야 자신의 진심을 깨닫는다. 답답한 마음을 품은 채 루이는 쓰지기리 하수인 시라사야 겐지와 겨룬다. 겐지의 검술은 목제 칼집을 깨고 재빨리 칼을 꺼내 상대를 베는 꼼수였다. 쓰러지기 직전 쓰쿠모가 구출. 대신 쓰쿠모가 중상을 입는다. 루이는 단단히 결심하고 겐지와 다시 붙어 가까스로 승리를 거둔다. 도장의 이름을 알리기 위해 오늘도 기발한 차림으로 검을 휘두른다.

「원질신화 제2막」 스토리 공식도

② 여주인공은 어떤 사람인가?(여신과의 만남)

① 첫 위기를 어떻게 벗어나나?(시련의 길)

④ 라스트 보스는 어떤 인물? 무엇이 대단한가? 어떻게 쓰러뜨리나?(아버지와의 일체화)

③ 주인공과 여주인공 사이에 끼어드는 여성은 누구?(유혹자로서의 여성)

⑥ 그리고 어떻게 됐나(결론)?(최종 보상)

⑤ 쓰러뜨린 라스트 보스로부터 물려받은 것은?(신격화)

POINT!

「영웅의 여행」의 구성

시나리오 매뉴얼
『신화, 영웅 그리고 시나리오 쓰기』
(크리스토퍼 보글러 지음)에 아래와 같이
정리되어 나온다.

「영웅의 여행」은
〈라이온 킹〉의 스토리
작업에도 참가한
크리스토퍼 보글러가
캠벨의 단일신화론을
영화용으로 손본 내용이야.
'원질신화'의 '제1막'
'제2막'을 메인으로
이야기 구조를
재구성한 느낌이지?

Step1	일상 세계
Step2	모험으로의 소명
Step3	소명의 거부
Step4	정신적 스승과의 만남
Step5	첫 관문 돌파
Step6	동료·적·테스트
Step7	가장 위험한 장소로 접근
Step7′	복잡화
Step8	최대의 시련
Step9	보상
Step10	귀로/주술적 도주
Step11	부활
Step12	귀환

'원질신화'에서도
봤던 항목이
있네요!

요약한 내용을
다음 페이지에
나오는 작례와
비교하면서
읽어보시길!

지금까지 등장한 주요 캐릭터

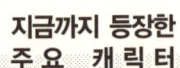

'그레이트 마더' great mother
→ 모험을 떠나고 싶어하는 주인공을 만류한다.

'증여자'
→ 여행을 떠나려는 주인공에게 아이템을 준다.

'경계 문지기'
→ 여행을 떠날 별세계의 입구에 나타나는 정체불명의 존재.

'그림자'
→ 주인공과 정반대의 생각을 가진 닮은 듯 닮지 않은 존재.

으음
…

이 부분은
시험에 나옴

「영웅의 여행」을 응용한 작례

STEP1. 일상 세계

일상을 상징하는 '가족'이나 '동료'가 나온다. 그들은 어디까지나 '일상' 속 사람들.
주인공은 전 FBI 요원. 몇 년 전 사이코패스 한 명을 체포한 뒤로 퇴직하여 처자식과 행복한 나날을 보내고 있다.

STEP2. 모험으로의 소명

주인공에게 일상을 떠나 여정에 오르라고 명하거나 부추기는 '심부름꾼'이 등장. 여기에선 누군가가 배달한 '의문의 신문'이 해당함.

STEP5. 첫 관문 돌파

페인트칠을 하던 의문의 남자는 '경계 문지기'. 주인공이 '모험'에 나설 때 처음으로 대치하는 캐릭터다.

STEP6. 동료·적·테스트

주인공이 복귀하여 새로운 수사팀(같은 편)이 구성된다. 동료와 적이 드러나고, 주인공은 시련에 부딪힌다.

STEP7. 가장 위험한 장소로 접근

범인의 소굴을 알아낸다. 납치된 피해자를 구출한다. 범인을 사살. 여기서 등장하는 캐릭터는 '적'.
'적'과 '그림자'는 일치하지 않는 경우도 있다.

해결된 줄 알았던 사건은…

STEP7'. 복잡화

사태는 예기치 못한 방향으로 흐르고…

STEP8. 최대의 시련

진정한 적 '그림자'와의 대립. 영화 시나리오의 클라이맥스에 해당한다

STEP9. 보상

STEP10. 귀로/주술적 도주

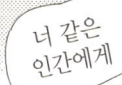

여기에서 뜻밖의 기습 공격에 의한 반전.
주인공은 죽을 뻔하나…

LESSON #8 TRAINING SHEET

실전 연습

본문 중의 작례를 참고하여 13개 항목에 그림이나 글을 채워 스토리를 짜봅시다!

「영웅의 여행」 스토리 공식도 ①

② 의뢰받은 사건은?(모험으로의 소명)

① 주인공은 어떤 사람인가?(일상 세계)

④ 출발을 도와주는 존재는?(정신적 스승과의 만남)

③ 뛰어들 수 없는 이유는?(소명의 거부)

⑥ 시작된 모험의 내용은?(동료·적·테스트)

⑤ 처음 만나는 적은?(첫 관문 돌파)

「영웅의 여행」 스토리 공식도 ②

⑦´ 앞선 결과가 초래하는 의뢰·사건은?
(복잡화)

⑦ 중간 보스는 어떻게 쓰러뜨렸나?
(가장 위험한 장소로 접근)

⑨ 라스트 보스를 쓰러뜨리고 얻은 것은?(보상)

⑧ 라스트 보스와의 대결은?(최대의 시련)

⑪ 주인공 안에서 성장한 것은?(부활)

⑩ 마지막 반전은?(귀로/주술적 도주)

⑫ 주인공이 돌아온 일상은?(귀환)

앨런 던데스의 모티프소

POINT!

- 결여 → 회복
- 금지 → 위반
- 기만 → 성공
- 난제 → 난제 해결
- 결과 → 탈출 시도(불행의 회피)

던데스의 '모티프소' 일람이야.

어, 의외로 적네?

늘 하던대로 예시를 살펴볼까.

치핼리스 족의 민담
'개똥지빠귀 이야기'

그러나 얼굴을 씻으라는 소리를 신비의 숫자인 다섯 번 들은 개똥지빠귀는 생각을 바꿨다.
[위반]

※개똥지빠귀과의 새를 가리킴.

개똥지빠귀는 얼굴을 씻으면 무시무시한 일이 일어난다고 믿고 진흙 범벅인 얼굴을 씻지 않았다.
[금지]

퀼리우트 족의 '어떤 남자 이야기'

으으윽
뭐!?
여태까지 배운 내용 중 이번 시간이 젤 쉬웠을 텐데.
하나도 못 알아 먹겠어!!
휘이이익!
이야~
모티프소를 쌍으로 조합해서 스토리를 만든다는 이론은 알아들었다구요!
꽂꽂
이번 구조론 수업에선 뭘 어떻게 해야될지 하나도 모르겠다구요!
근데 '주인공을 방주에 넣어서 버리라'거나 '부정적인 자신과의 싸움을 그리라'는 식의 그런 구체성이 전혀 없잖아요!
띠잉~

LESSON #9 TRAINING SHEET

실전 연습

앨런 던데스의 모티프소에는 아래의 5가지가 있습니다.

- **결여 → 회복**
  적이 훔쳐가다 → 되찾다 / 원하는 것이 있다 → 손에 넣다 등

- **금지 → 위반**
  열면 안 된다 → 열다 / 친구의 애인 → 고백하다 등

- **기만 → 성공**
  우연히 만난 척 → 그녀와 데이트 / 친구의 이름으로 아르바이트 → 힘든 친구에게 입금 등

- **난제 → 난제 해결**
  100 대 1 → 가까스로 이기다 / 도쿄대에 들어가라 → 합격하다 등

- **결과 → 탈출 시도(불행의 회피)**
  포로 수용소 → 땅굴을 파다 / 다리가 무너지다 → 맞은 편 절벽으로 뛰어내리다 등

모티프소를 자유롭게 조합해도 되지만, 여기서는 본문에 나온 조합을 이용해 스토리를 짜봅시다!

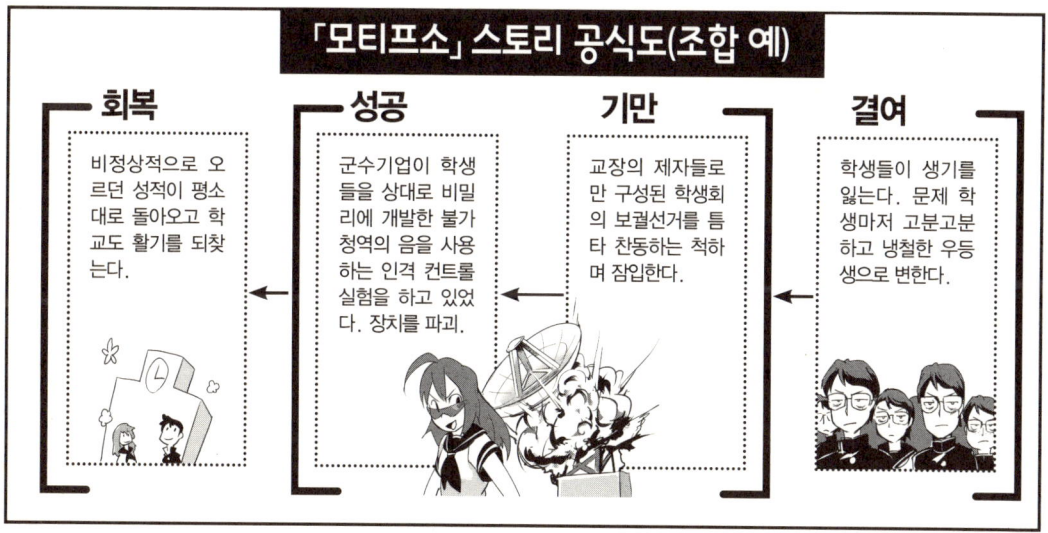

「모티프소」 스토리 공식도(조합 예)

회복 ← 비정상적으로 오르던 성적이 평소대로 돌아오고 학교도 활기를 되찾는다.

성공 ← 군수기업이 학생들을 상대로 비밀리에 개발한 불가청역의 음을 사용하는 인격 컨트롤 실험을 하고 있었다. 장치를 파괴.

기만 ← 교장의 제자들로만 구성된 학생회의 보궐선거를 틈타 찬동하는 척하며 잠입한다.

결여 ← 학생들이 생기를 잃는다. 문제 학생마저 고분고분하고 냉철한 우등생으로 변한다.

작례「school of shadow」줄거리

전학생으로 위장하여 학교에 잠입해 문제를 해결하는 문교부의 비밀 조직 '학교 문제 해결반'. 교장이 바뀌자마자 전교 성적이 상승하는 학교. 불량하던 학생마저 건강을 해쳐가며 공부하는 이상 사태가 발생하자 잠복 수사에 들어간다. 학교 방침을 따르는 척하며 엘리트만 모인 학생회에 들어간다. 내부 조사 결과, 군대 전용 인격 지배 기술을 실험중이란 사실이 판명. 교장은 군수기업의 중역이었다. 장치를 파괴하자 성적은 떨어지지만, 활기차고 자유로운 학교의 원래 모습을 되찾는다.

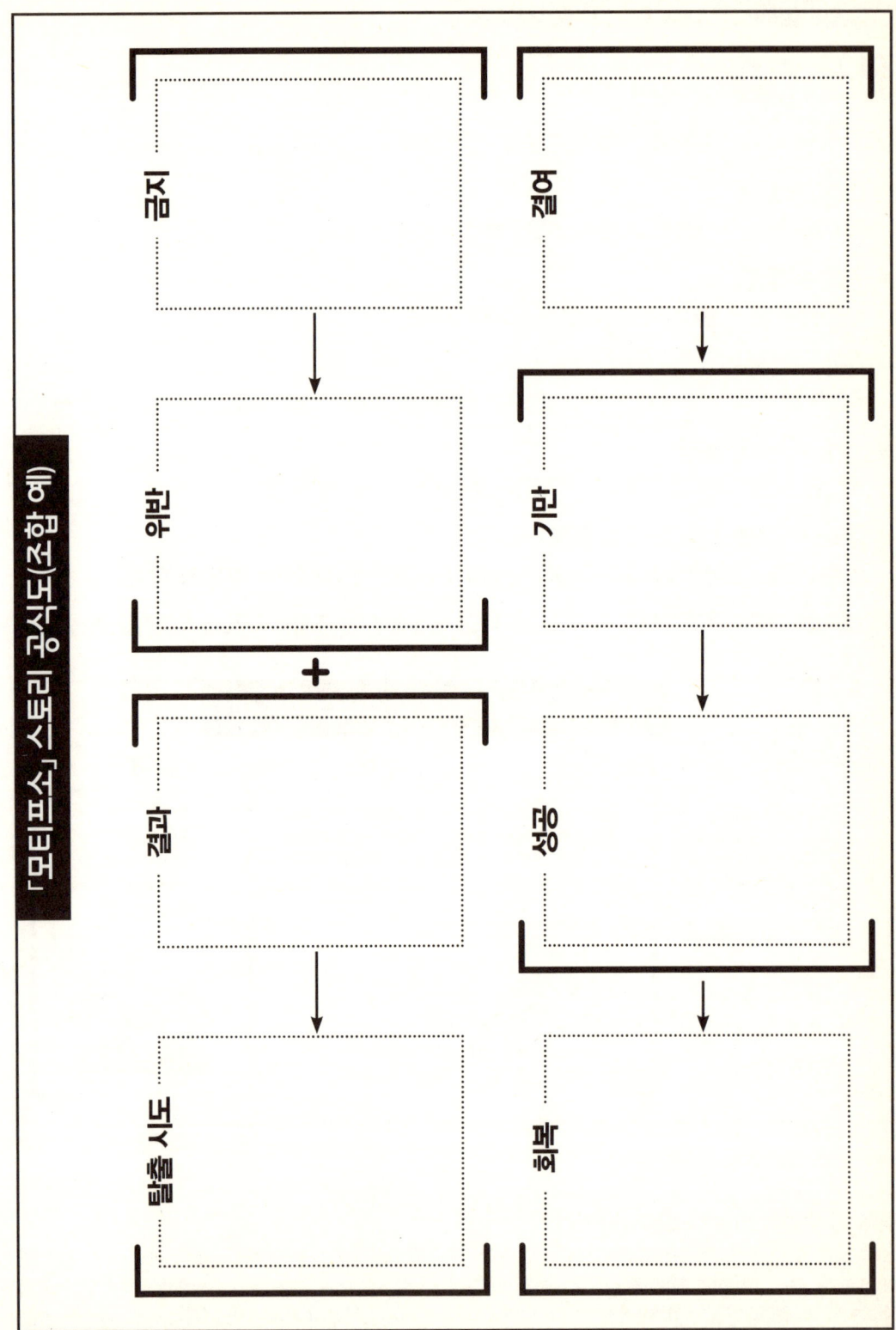

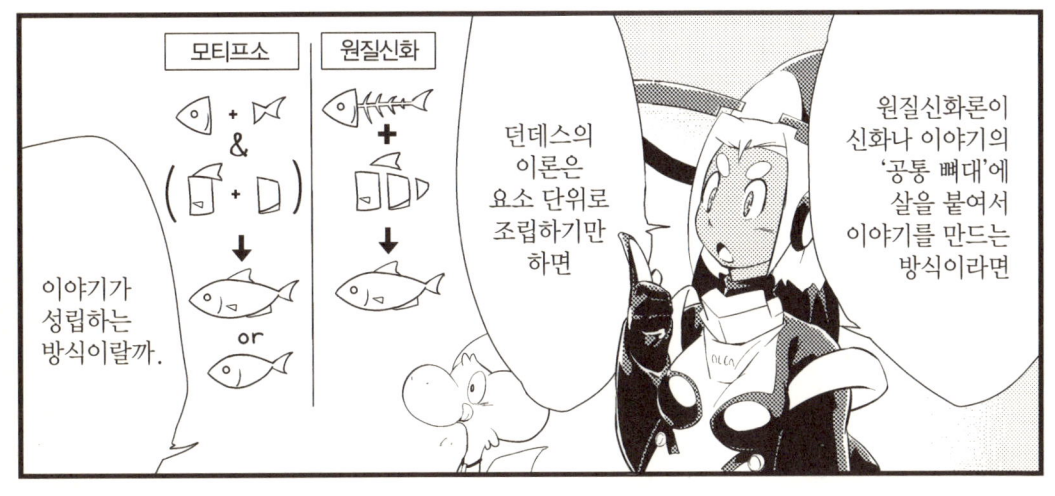

마찬가지로 이야기를 요소별로 분해해서 분석했던 학자 중에

오! 러시아인 이름 같다!

블라디미르 프로프라는 사람이 있어요.

프로프는 구조 분석을 이용해 러시아 민담을 연구한 선구적인 학자였어요.

블라디미르 프로프
Vladimir IAkovlevich Propp(1895~1970)

러시아 민담을 연구한 민속학자. 저서 『민담 형태론』은 출판된 지 30년 만에 영어판이 출간되면서 전 세계의 주목을 받았다.

그가 활동하던 구소련은 훗날 유럽 전역에 러시아 구성주의* 붐을 일으키죠.

* 영화나 미술 등 어떤 대상이든 도형이나 기호 같은 최소 단위로 분해하여 재구성한다는 이론.

- 이야기 ①
  왕이 용자에게 독수리를 준다.
  독수리가 용자를 성으로 데려간다.
- 이야기 ②
  조부가 수첸코에게 말을 준다.
  말이 수첸코를 바깥세상으로 데려간다.
- 이야기 ③
  마법사가 이완에게 작은 배를 준다.
  작은 배가 이완을 호수로 데려간다.
- 이야기 ④
  왕녀가 이와노슈카에게 반지를 준다.
  반지에서 나온 병사 두 명이
  이와노슈카를 이웃나라로 데려간다.

프로프는 이야기를 구성하는 '최소 단위(구성요소)'는 '등장인물의 행위'에 있다며 4가지 이야기를 예로 들었어요.

이 이야기들의 공통 요소부터 찾아봅시다.

러시아 무서워!!
등장 인물을 다들 어딘가로 데려가요!!
아하아아아아아!
음…
어쩌다 보니 예시가 좀 이상할 뿐이라고.
툭툭
아웅
러시아에는 아무 문제 없거든.
프로프는 'A가 B를 하다' 라는 구조를 이야기의 최소단위로 본 거죠.
'독수리'가 '데려간다'(안내하다)
'말'이 '데려간다'(태워가다)
'작은 배'가 '데려간다'(싣고 가다)
'병사'가 '데려간다'(호위하다)
어쨌든 반은 정답이야.
굳이 '데려간다'라고 한 이유는 '누군가'에 의해 주인공이 '이동했다'는 걸 시사하기 위해서랍니다.
말도 안 돼
배나 동물도 '등장인물'에 들어간다고?

훽
그리고 용자는 본래의 모습을 드러낸다.
㉙ 변신
들통 났군!
㉘ 폭로
파앙
다 끝났어! 물러서시지!
꺄아
㉚ 처벌
두 사람은 행복하게
잘 살았답니다
㉛ 결혼 혹은 즉위
완전 판타지 RPG 스토리네.
그러게.
자세한 건 다음 시간에 살펴보도록 해요!

10교시 끝

LESSON #10 TRAINING SHEET

실전 연습

프로프의 31가지 기능에 맞춰 각 항목별로 이야기의 키워드를 나열합니다.
스토리를 짜는 초기 단계나 아이디어가 막힐 때 힌트나 돌파구로 활용하고,
직접 키워드를 추가하여 새로운 착상을 얻는 계기로 삼아봅시다.

「31가지 러시아 민담 구성 요소」 키워드 모음 ①

② 금지 [금지당하다]

보지 말라/보여주지 말라/못 보게 하지 말라/빌려주지 말라/돌려받지 말라/자지 말라/재우지 말라/타지 말라/태우지 말라/내리지 말라/사지 말라/무찌르지 말라/나오지 말라/들어가지 말라/갖지 말라/뺏기지 말라/말하지 말라/알리지 말라/만지지 말라/바로잡지 말라/바로잡게 하지 말라/이기지 말라/지지 말라

① 부재 [부족하다·개인적으로 의뢰받다]

집 지키기/상대가 오지 않는다/계산대에 점원이 없다/무인 계약기/온라인 게임에 아는 사람이 한 명도 로그인하지 않는다/무인역/자동판매기/심야 엘리베이터/개인 화장실/쉬는 날 학교/택배 물건이 안 온다/전학/부모가 싸운다/교도소 독방/미아/출장

④ 정보 요구 [적이 사태를 파악하려 하다]

좋아하는 사람의 이름은?/제출 문제는?/개발중인 신제품은?/다음 대결 상대는?/약점은?/참가하지 않은 이유는?/외출하는 시간은?/단골 가게는?/평소 타는 전철은?/무얼 좋아하나?/전화번호는?/제일 가까운 출구는?/넣어둔 장소는?/검사 결과는?

③ 위반 [금지를 어기다]

들어가버린다/들어가지 않는다/나와버린다/나오지 않는다/이긴다/진다/고백한다/고백하지 않는다/열어버린다/열지 않는다/먹어버린다/먹지 않는다/지불해버린다/보고 만다/보지 않는다/잊어버린다

⑥ 책략 [적에게 속다]
다른 장소로 끌려간다/다른 날짜를 알려준다/다른 전철에 타게 한다/다른 파일을 받는다/뒤바뀐다/못 가게 저지당한다/가르쳐주지 않는다/다른 걸로 만들어진다/숨긴다/잃어버린다/증거를 맡는다/사진을 찍힌다/증인을 멋대로 세운다

⑤ 정보 유출 [불리한 상황이 알려지다]
메일 주소가 유출된다/귀가 시간이 탄로 난다/일기를 읽는다/행선지를 알아낸다/아지트를 들킨다/동료가 미행당한다/아끼는 차가 들통 난다/나이가 탄로 난다/정체가 탄로 난다/재료를 알아챈다/점수를 들킨다/발매일이 새어나간다/취미를 들킨다

⑧ 가해 혹은 결여 [피해를 입다]
납치당한다/웃음거리가 된다/떨어진다/진다/운다/잃어버린다/추월당한다/놓친다/맞는다/신용을 잃는다/도둑맞는다/늦는다/쫓겨난다/따돌림 당한다/속는다/체포된다/불탄다/못 하게 된다

⑦ 방조 [적에게 유리한 행동]
도망친다/넣어버린다/키워버린다/용서하고 만다/가르쳐주고 만다/보여줘버린다/들려주고 만다/먹이고 만다/옷을 갈아입히고 만다/만지게 해버린다/주고 만다/사버린다

⑩ 임무 수락
아이템을 전달하겠다!/감옥에서 구출하겠다!/목적지로 향하겠다!/사랑을 성취해주겠다!/도산을 막겠다!/대회에서 이기게 하겠다!/가치를 인정하게 하겠다!/옳은 상태로 돌려놓겠다!/진심에 부응하겠다!/오해를 풀겠다!/진실을 널리 알리겠다!

⑨ 파견 [용자에게 의뢰]
의혹을 벗겨달라!/범인을 잡아달라!/합격시켜달라!/결혼시켜달라!/진상을 밝혀라!/원수를 갚아달라!/위기를 막아달라!/명예를 회복시켜달라!/원가를 전해달라!/정당하게 평가해달라!/괴물을 무찔러라!/위험을 알려달라!/목표를 달성시켜달라!

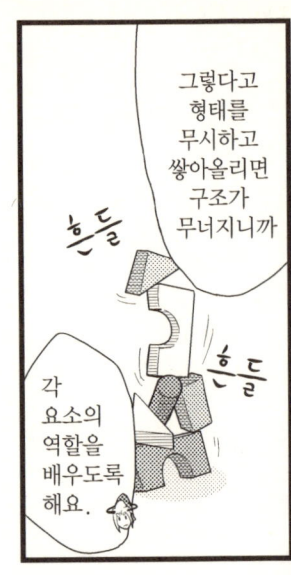

 **이번에 소개할 요소**

Step1 부재
Step2 금지
Step3 위반
Step4 정보 요구
Step5 정보 유출
Step6 책략
Step7 방조
Step8 가해 혹은 결여
Step9 파견
Step10 임무 수락

흠… '잃어버린 걸 되찾는다' 라고 하면 소년만화에서도 써먹을 수 있는 구조…란 말인가?

31가지 요소 중 8번까지는 이 '결여'에 이르는 과정이에요.

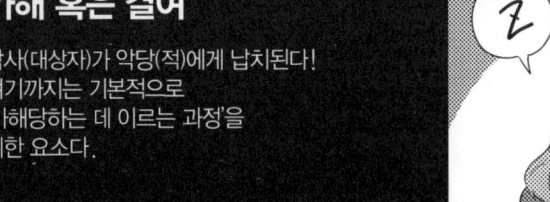

LESSON #11 TRAINING SHEET

실전 연습

「31가지 러시아 민담 구성 요소」 키워드 모음 ②

⑫ 선행 행동 [발견하거나 만남]

길 잃은 애완동물이 잘 따른다/창고 문이 열려 있다/쓰레기장에 불빛이/노인이 곤경에 빠진다/싸움에 휘말려든다/복권을 받는다/낭떠러지에서 떨어진다/미인이 접근해온다/똑같은 가방을 든 사람과 부딪친다/감기를 옮는다/아파트 단지에서 길을 잃는다/물세례를 받는다

⑪ 출발 [행동을 개시하다]

정의를 위해/모두를 위해/연인을 위해/거절하지 못해서/분노를 못 참아서/명령 받아서/돈을 위해/지도받은 대로/업무라서/도망치기 위해/죽음을 면하는 조건이므로/혼났기 때문에/운명이라서/계시를 받아서

⑭ 획득 [⑬에서 얻은 것]

강아지 주인의 집을 알아낸다/예언이 적혀 있다/방법을 알아낸다/보물을 손에 넣는다/옛날 일을 듣는다/적의 육친과 알게 된다/마신이 나온다/함정에서 빠져나온다/지도를 얻는다/열쇠를 얻는다/몸이 거대해진다/아지트를 발견한다/똑같은 상처를 발견한다

⑬ 반응 [만난 대상과의 사이에 벌어진 일]

길 잃은 애완동물을 구한다/고문서를 읽는다/녹슨 검을 발견한다/마을의 장로를 알게 된다/맞고 있는 사람을 도와준다/복권에 당첨된다/동굴을 발견한다/미인에게 퇴짜를 놓는다/가방이 바뀐다/모르는 약을 먹는다/다른 방에 잘못 들어간다/젖은 옷을 벗는다

⑯ 투쟁 [적과 겨루다]

무기로/스포츠로/게임으로/정열로/폭력으로/권력으로/사랑의 힘으로/복수심으로/정확성으로/속도로/초능력으로/인맥으로/재력으로/외모로/미인계로/기술로/기억력으로/계략으로/법률로/맛으로/매출로/지지율로/팔로워 숫자로

⑮ 공간 이동 [획득한 것을 이용해 목적지로]

꼭대기 층으로/외국으로/미래로/마음속으로/사장실로/온라인 게임 속으로/호화 여객선으로/다른 혹성으로/올림픽으로/전쟁터로/숨겨진 방으로/지구의 중심으로/지옥으로/추억의 장소로/태어난 장소로

⑱ 승리 [싸움에서 이기다]

시합에서/연애에서/선거에서/시청률에서/스포츠 대회에서/발명에서/운전에서/요리에서/경영 수완에서/기말시험에서/인기투표에서/경연대회에서/출세 경쟁에서/감금 상태에서 탈출/일등으로 도착/가까스로 기한에 맞추다/상대가 납득/사람들을 구출/소원을 이루다

⑰ 표식 [주인공이라는 증거]

반지 등 장신구/점이나 반점/상처 자국이나 수술 자국/동작/입버릇/사투리/전문 지식/좋아하는 음식/알레르기/취미/필적/코골이/신발 뒤축의 닳은 상태/기호품의 상표/혈액형/지문/따르는 아이나 동물/좋아하는 이성의 취향/암호

⑳ 귀로 [원래 장소로 향하다]

고향으로 향한다/지구로 향한다/현대(⇔과거·미래)로 향한다/천상계로 돌아간다/일상생활로 돌아온다/온라인 게임을 로그아웃한다/연인의 품으로 향한다/수상식·서훈식장으로 향한다/이 세계에서 살아갈 결심을 한다

⑲ 회복 [의뢰를 달성하다]

인질이 풀려난다/재물을 되찾는다/남(↔여)자로 돌아온다/인간(↔동물)으로 돌아온다/원래 크기로 돌아온다/신뢰를 회복한다/전통을 회복한다/외계인이 돌아간다/부흥이 시작된다/연인이 살아난다/빚을 청산한다/꽃이 다시 핀다

Step14
획득

주인공은 동료, 아이템, 중요한 정보 등을 입수한 뒤 다음 장소로 향한다.

Step15
공간 이동

주인공은 새로운 동료에게서 입수한 정보를 통해 적이 있는 장소를 알아낸다.

Step16
투쟁

'결여를 회복' 하기 위해 싸움 개시.

이름하여 '라스트 보스 전'이다.

Step19
회복
Step20
귀로

박사를 구해[회복] 비행기에서 탈출한다.

Step21
추적

적이 주인공의 뒤를 쫓아와 위기 상황으로 반전!

이 자식! 내 손으로 죽이고 말테다!!

엇 저 인간이 왜

모드! 박사님을 모시고 도망쳐!!

여긴 내가 막을 테니까!

To Be Continued
다음 회에 계속!

반복 가능한 ⑫~⑮는 종반의 ⑯~⑳과 공통점이 많으며 주로 대결 구조로 전개된다. 단 '⑯ 투쟁'은 그것을 통해 '⑰ 표식' '⑲ 회복' 등을 획득한다는 점에서 결정적으로 다르다. ⑫~⑮의 전개에서는 대결을 아무리 반복해도 진정으로 결여를 회복하지는 못한다.
⑯ 이후의 기능은 라스트 보스 전을 거친 뒤에 펼쳐지는 전개다.

12교시 ✎ 끝

LESSON #12 TRAINING SHEET

실전 연습

「31가지 러시아 민담 구성 요소」 키워드 모음 ③

㉒ 탈출 [성과 없이 도망치다]

탈것에서 뛰어내린다/물속으로 잠수한다/자취를 감춘다/변장한다/상자에 들어간다/죽은 척한다/관심을 딴 데로 돌린다/자폭을 시도한다/사각지대에 숨는다/양심에 호소한다/불쾌한 걸 보여준다/돈을 지불한다/적끼리 싸우게 만든다/동료가 온다/예전 실수가 좋은 방향으로

㉑ 추적 [쓰러뜨린 줄 알았던 적이 살아 있었다]

적이 같은 차에!/방안에 감시 카메라가!/컴퓨터 모니터로 적이 모습을 드러낸다!/본부로 돌아오니 적이 기다린다!/택배 배달원이 적!/적이 거울 안에!/운전수로 변장한 적!/애인이 적과 한패였다!/우연히 마주친다!/죽은 적이 무덤에서 살아난다!

㉔ 거짓 주장 [남에게 공로가 돌아가게 생기다]

사실은 제(가짜)가 했습니다/제(가짜)가 명령하여 시켰습니다/제(가짜) 계획을 훔쳤습니다/제(가짜) 공로를 가로챘습니다/다같이 해결해놓고 선수쳤습니다/제(가짜)가 먼저입니다/제(가짜)가 가지고 있던 것입니다

㉓ 은밀한 귀환 [인정받지 못한 채 돌아오다]

주변에 적이 깔려 있어 신분을 밝히지 못한다/가지고 돌아올 것을 잃어버려 나서지 못한다/모습이 바뀐 탓에 아무도 몰라본다/그동안의 경위를 본 사람이 아무도 없어 증명하지 못한다/너무 위대한 나머지 아무도 못 믿는다/가짜가 먼저 나타나 오히려 가짜 취급을 받는다

㉖ 해결 [정당성이 증명되다]
현지에만 있는 물건을 지니고 있다/거절해야 할 명령을 거절한다/가짜가 실수를 한다/공표되지 않은 사실을 알고 있다/갖고 있던 간인이 일치한다/난제를 못 푸는 게 정답이다/배신했던 증인이 마음을 고쳐먹는다/뒤늦게 증인이 도착한다

㉕ 난제 [의혹을 벗기 위한 시련]
진짜 본인이라면 모를 리 없다/본인이라면 가지고 있다/본인이라면 할 수 있다/본인이라면 못 한다/본인이라면 화낸다/본인이라면 보인다/본인이라면 선택받는다/본인이라면 죽을 리 없다/본인이라면 이긴다/본인이라면 막아낸다

㉘ 폭로 [적의 정체가 탄로나다]
친한 친구가 적이다/똑똑한 쪽이 적이다/명령을 내린 사람이야말로 적이다/우월하다 여겼던 쪽이 적이다/동정받던 쪽이 적이다/변신한 적의 본모습이 드러난다/적의 장치가 멈춘다/적의 아이템이 망가진다/적의 계획서가 공개된다/적의 부하가 고발한다

㉗ 인지 [모두가 진실을 알다]
반점이 있으므로 본인이다!/가보인 반지를 끼고 있으므로 본인이다!/암호를 알고 있으므로 본인이다!/그렇게 하지 않았으므로 본인이다!/적지에만 있는 물건을 갖고 있으므로 본인이다!/구출받은 사람이 본인임을 인정했다!/기르던 동물이 따르므로 본인이다!

㉚ 처벌 [적에 대한 벌]
조직이 괴멸한다/기지가 폭발한다/범인이 체포된다/배신자가 규탄받는다/재판에서 진다/회사에서 해고당한다/동료들에게 추궁당한다/빗나간 줄 알았던 주인공의 공격 효과가 나타난다/출입 금지/보물이 가깝다/빼앗아 온 것의 공격으로 쓰러진다

㉙ 변신 [주인공이 정체를 드러내다]
바보 행세를 그만둔다/같은 편의 협력이 재개된다/원래의 지위에 다시 오른다/처음 권한을 회복한다/잃어버린 아이템을 되찾는다/사용 금지당한 능력을 회복한다/연인의 신뢰를 회복한다/누명을 벗는다/전부 계획했던 것임을 밝힌다

㉛ 결혼 혹은 즉위 [보상을 받다]
고백을 받아들인다/특별한 것을 받는다/유명해진다/출세한다/늘어난다/1위에 오른다/데뷔한다/당선한다/절친한 사이가 된다/살아난다/원래 세계로 돌아간다/사과받는다/모두에게 인정받는다

13교시 가짜 주인공

프로프의 31가지 기능 지난 줄거리 요약

- 적의 추격!
- 표식
- 주인공이 여행길에 오른다.
- 금기를 어긴 공주가 납치되는 등 결여가 생긴다.
- 프로프의 구조론은 러시아 마법민담을 바탕으로 합니다.
- 여기 오기까지 파란만장 했죠!
- 적과 대결 결여의 회복
- 동료·아이템 GET!
- START

또 한 번 반전이 일어난 다구요?

게다가 지난번 라스트에서는 적의 반격으로 인해 주인공은 '결여'를 다시 잃었죠.

실컷 추어올렸다 끌어내리는 식

프로프가 연구한 러시아 마법민담은 구조가 아주 복잡해서 '고비'가 여러 번 있어요.

새로운 캐릭터 등장!?

이제 와서 또!?

새로운 캐릭터인 '가짜 주인공'이 나타나 주인공의 공로를 가로채려고 음모를 꾸미죠.

심지어!

프로프의 등장인물 7가지 역할

그레마스의 행위자 모델이랑 비슷하네요.

물론 하나의 캐릭터가 2가지 이상의 역할을 맡아도 돼요.

가짜 주인공 / 추적자 / 적 / 의뢰자

방해

의뢰

HELP! / 대상

찾다

RESCUE / 주인공

증여 (원조)

증여자

여기서 다시 캐릭터를 소개하죠. 프로프가 말하는 캐릭터의 7가지 역할이란 다음과 같습니다.

프로프의 31가지 기능
작례 극장

Step22
탈출

주인공은
천신만고 끝에
적을 따돌리고
탈출한다.
그러나

Step23
은밀한 귀환

'회복'한 '결여'를
다시 잃은 주인공은
사람들의 눈을 피해 행동한다.

Step24
거짓 주장

'가짜 주인공'이
나타나 음모에
착수한다.

Step25
난제

주인공은 '가짜 주인공'의 기만과 악행을 밝혀내야 한다.

Step26
해결
Step27
인지

난제는 해결되고 '가짜 주인공'의 악행과 주인공의 공로가 (성흔 등에 의해) 드러난다.

Step28
폭로

'가짜 주인공'의 정체도 드러난다.

Step29
변신

주인공은 숨겼던 본모습을 드러낸다.

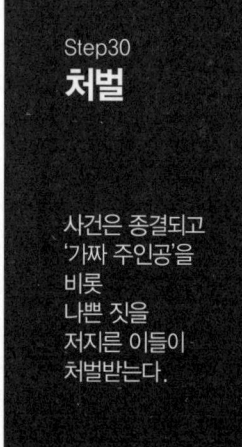

Step30
처벌

사건은 종결되고 '가짜 주인공'을 비롯 나쁜 짓을 저지른 이들이 처벌받는다.

LESSON #13 TRAINING SHEET

실전 연습

아래 작례를 참고하여 다음 페이지의 공식도에
① 주인공은 어떤 사람인가? ② 의뢰자는 누구인가? 의뢰 내용은 무엇인가? ③ 동료는 누구인가?
④⑤⑥ 적은 누구인가?(적·부하, 추적자·중간 보스, 가짜 주인공·라스트 보스)
⑦ 결과는 어떻게 됐나?
를 글이나 그림을 넣어 스토리를 짜봅시다!

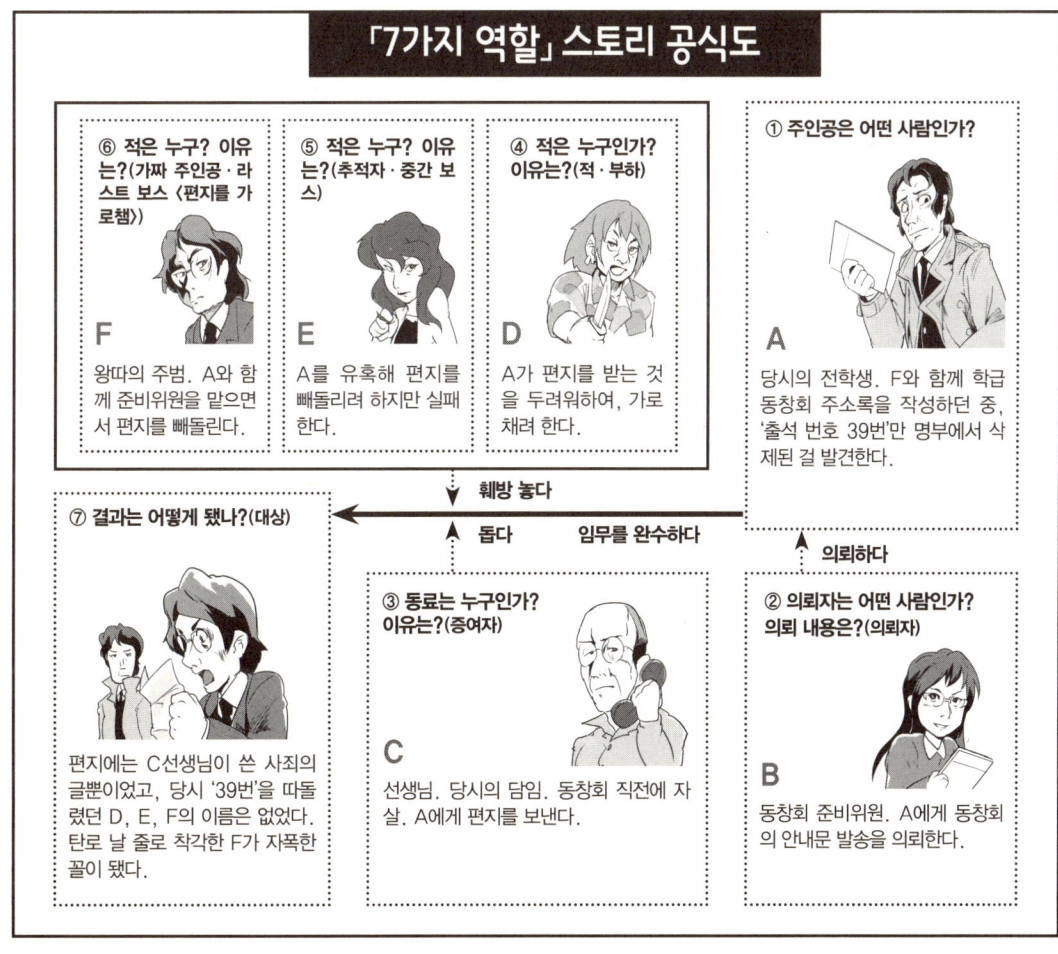

「7가지 역할」스토리 공식도

⑥ 적은 누구? 이유는?(가짜 주인공·라스트 보스〈편지를 가로챔〉)
F
왕따의 주범. A와 함께 준비위원을 맡으면서 편지를 빼돌린다.

⑤ 적은 누구? 이유는?(추적자·중간 보스)
E
A를 유혹해 편지를 빼돌리려 하지만 실패한다.

④ 적은 누구인가? 이유는?(적·부하)
D
A가 편지를 받는 것을 두려워하여, 가로채려 한다.

① 주인공은 어떤 사람인가?
A
당시의 전학생. F와 함께 학급 동창회 주소록을 작성하던 중, '출석 번호 39번'만 명부에서 삭제된 걸 발견한다.

훼방 놓다 ↓   ↑ 돕다   임무를 완수하다   ↑ 의뢰하다

⑦ 결과는 어떻게 됐나?(대상)
편지에는 C선생님이 쓴 사죄의 글뿐이었고, 당시 '39번'을 따돌렸던 D, E, F의 이름은 없었다. 탄로 날 줄로 착각한 F가 자폭한 꼴이 됐다.

③ 동료는 누구인가? 이유는?(증여자)
C
선생님. 당시의 담임. 동창회 직전에 자살. A에게 편지를 보낸다.

② 의뢰자는 어떤 사람인가? 의뢰 내용은?(의뢰자)
B
동창회 준비위원. A에게 동창회의 안내문 발송을 의뢰한다.

작례「기억상실 놀이」의 줄거리

동창회 안내문을 발송하려던 주인공 A는 '39번' 학생만 명부에 없다는 걸 발견한다. 담임이었던 C교사에게 전화로 출석을 부탁하면서 '39번'에 대해 묻자, 황급히 전화를 끊고 다음 날 선생님은 자살한다. 선생님을 추모하는 뜻에서 죽기 직전에 A에게 부친 편지를 동창회에서 읽기로 한다. '39번'을 무시하고 따돌려 죽음으로 내몬 D, E는 편지에 그 사실이 적혀 있는 줄 알고 빼돌리다 실패. A의 협력자로 보였던 F가 실은 따돌림의 주범으로, 야비한 방법으로 편지를 빼돌린다. 그런데 편지에는 제자를 지키지 못한 데 대한 속죄의 글뿐, D, E, F의 이름은 쓰여 있지 않았다.

「7가지 역할」스토리 공식도

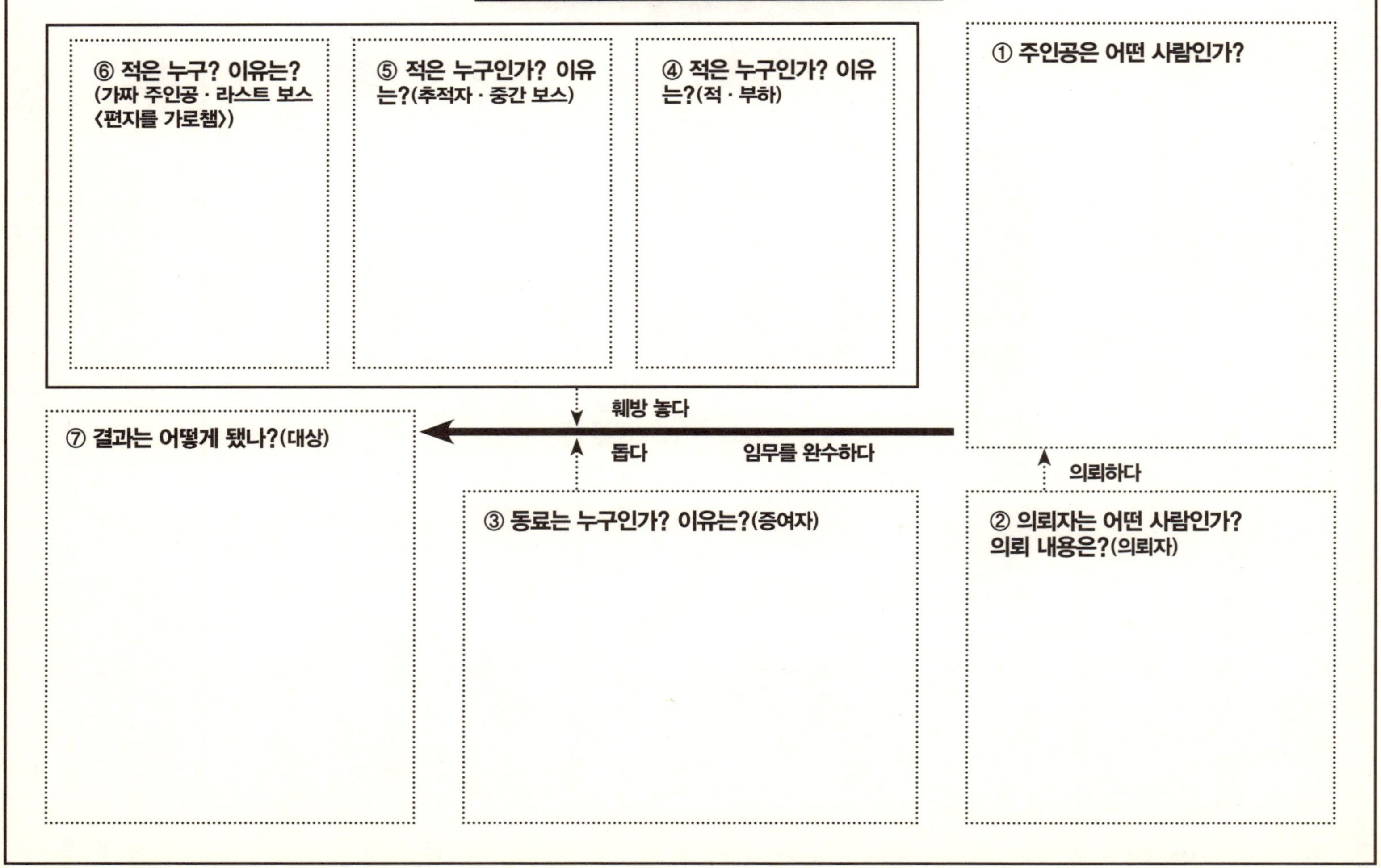

① 주인공은 어떤 사람인가?

② 의뢰자는 어떤 사람인가?(의뢰자)
의뢰 내용은?

← 의뢰하다

임무를 완수하다

④ 적은 누구인가? 이유는?(적·부하)

⑤ 적은 누구인가? 이유는?(추적자·중간 보스)

해방 놓다   돕다

③ 동료는 누구인가? 이유는?(동여자)

⑥ 적은 누구? 이유는?
(가짜 주인공·라스트 보스)
《편지를 가로챔》

⑦ 결과는 어떻게 됐나? (대상)

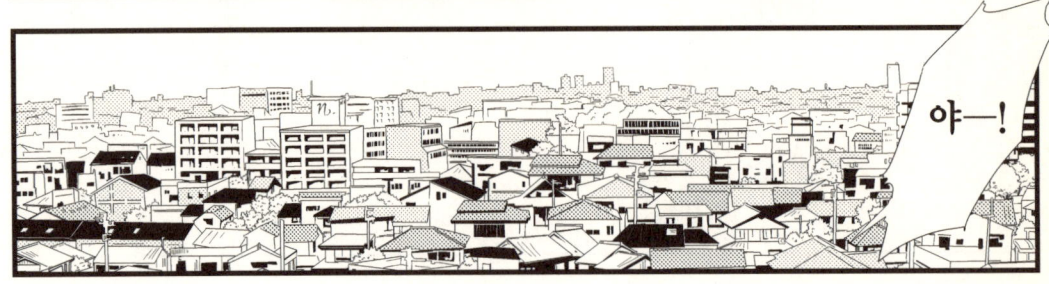

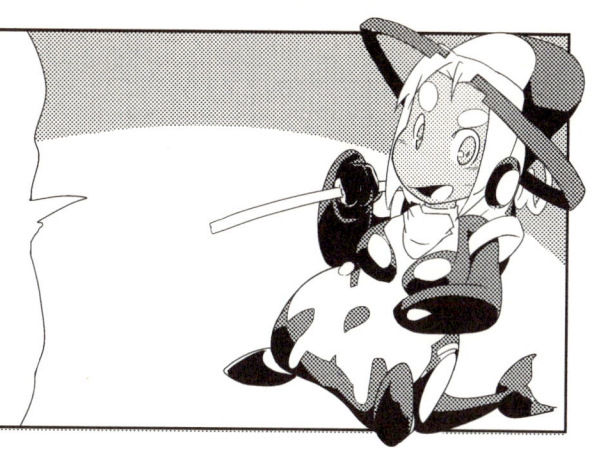

각자 생각나는대로
'전학생'이 등장하는
이야기를 만들어봐요!

실습 문제

아래 내용을 참고하여 '전학생' 캐릭터를 만들자.

Step1 학교 또는 학교가 있는 지역, 즉 '내부'와
전학생이 오는 '외부' 중 어느 쪽을 일상으로 할지 결정한다.

Step2 내부와 외부의 가치관이 어떻게 대립할지 생각한다.

Step3 누구의 시점에서 묘사할지 생각한다.

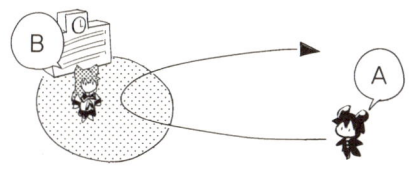

A. 외부에서 온 전학생의 시점
B. 외부에서 온 전학생을 관찰하는 시점

일상과 비일상을 나누기 전에 어느쪽 시점에서 이야기를 묘사할지부터 정해야 돼요.

Step4 Step1~3을 정한 뒤 전학생과
그가 전학한 학교 쪽
캐릭터를 구상한다.

보강 • 캐릭터 학교

'이야기'를 만드는 방법뿐 아니라
'캐릭터 만드는 방법'도
궁금한 분들을 위해
살짝 공개하자면...

 **보강 1교시** 할리우드식 캐릭터 작법

POINT! 할리우드 영화식 캐릭터 분류

주인공들
① 메인 main (주인공)
② 버디 buddy (파트너)
③ 그 또는 그녀 He·She
④ 멍청한 현자 fool wise
⑤ 현자 wise
⑥ 웻블랭킷 wet blanket (쿨한 인물)

기타
- 섀도우 shadow (주인공의 그림자)
- 스네이크테일 snake tail (흑막黑幕)
- …etc

옛날부터 할리우드 영화에서 사용하던 캐릭터론이에요. 뭐 대단하진 않지만 주인공의 버디를 구상하거나 할 때 도움이 된답니다.

지금까지 배운 내용이랑 좀 다르네요.

이 중 '섀도우'는 「영웅의 여행」에서 설명한 '주인공의 그림자' 캐릭터를 말해요.

그리고 '스네이크테일'은 흑막이에요. 섀도우나 적을 뒤에서 조종하는 인물은 할리우드 영화의 감초 역이죠.

④ **멍청한 현자와**
⑤ **현자**

'멍청한 현자'는 또 뭐람?

이 둘은 여러분도 익숙한 '증여자'에 속하는 캐릭터예요.

애니메이션판 '세계의 동화' 시리즈에 나오는 작은 동물 캐릭터라든지 어리버리한 여자애 캐릭터처럼 '정신없게 만드는 역'으로 주인공이나 이야기를 이끄는 '현자'로는 안 보이지만 '현자'와 같은 역할을 하는 캐릭터를 가리켜요.

앙-! 거기 서-!

⑥ **웻 블랭킷**

'버디'보다 극단적으로 객관적인 입장을 취해서 관객에게 '너무 극단적이다'라고 여기게 함으로써 '버디'를 돋보이게 하기도 해요.

별 볼일 없는 놈을 베고 말았어.

버디보다 한 발짝 뒤로 물러나서 주인공을 바라보는 쿨한 캐릭터랍니다.

실습 문제

주인공이 속하는 하나의 팀, 그룹, 파티 (학원물일 경우는 동급생, 밴드 같으면 멤버, 스포츠 팀, RPG의 파티, 형사물의 수사팀, 전대물 등)를 중심으로 한 설정을 만들고
① 주인공, ② 버디, ③ 그 또는 그녀, ④ 멍청한 현자
⑤ 현자, ⑥ 쿨한 인물로 구성된 팀을 만듭시다.
실제로 팀 전체 캐릭터표와 각 캐릭터를 소개하는 그림 콘티를 캐릭터 당 한 페이지씩 그립시다.

실제로 캐릭터 설정 연습도 해봅시다!

이젠 하나도 안 무서워!!

좋았어!! 캐릭터 만드는 법도 알았겠다.

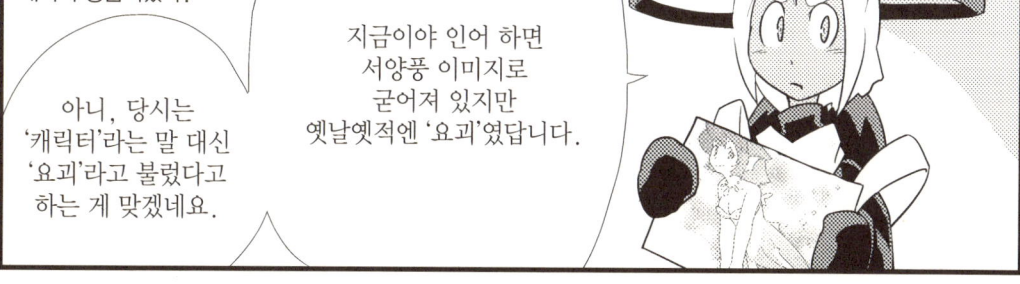

실천과 반복 연습으로 익히는 수밖에 없어요.
이론만 따라가다 막힐 땐 앞에서 배운 타로카드로 스토리를 짜도 되고
일부 TRPG 등에 쓰이는 다이스롤을 이용해 캐릭터의 임의성을 끌어낼 수도 있답니다.
최근에는 트위터에 진단 메이커도 있고…
자! 그럼 다음 페이지에 실습 문제를 준비해놨으니 도전해봐요.
좋았어!
까짓거 해보지 뭐!
Let's TRY

실습 문제

아래 문장을 참고하여 '아마히코' 캐릭터를 구상해봐요!
'아마히코'는 메이지 시대에 등장한 의문의 요괴인데,
아래에 '아마히코'를 소개한 신문기사를 현대어로
번역해놓았습니다. 아마히코 캐릭터의 설정을
글과 그림으로 표현해봅시다.

〈호치신문報知新聞〉(메이지15년) 기사 중에서

한 부인이 수고스럽게도 최근 이삼일 동안 자기네 동네뿐 아니라 이웃 동네까지 찾아가 '콜레라 부적을 드립니다'라는 종이를 돌리고 다닌다. 종이에 인쇄된 내용을 보면, 원숭이와 닮았으나 다리가 3개 달린 괴수가 그려져 있고 '구마모토의 어떤 곳에 빛나는 물체가 밤마다 나온다. 이것이 원숭이 울음소리를 내어 사람을 부르뫼, 한 사람이 그 모습을 확인하러 다가가보니 "우리는 바닷속에 사는 '아마히코'다. 올해부터 6년은 풍작이 이어지겠지만, 각지에서 역병이 돌아 6할의 사람이 죽을지도 모른다."라고 적혀 있다. 안세이 시대, 콜레라가 '콜로리'란 이름으로 유행할 때 팔던 부적과 똑같은 내용의 부적을 낡은 기모노 속에서 발견한 부인은 사람들을 살리고자 찍어내 돌리고 다니나, 요즘 같은 세상에 이런 걸로 안심하는 사람이 어디 있겠는가.

포인트는
① 콜레라를 막는 부적에 그려져 있는 요괴
② 원숭이를 닮은 다리 셋 달린 '괴수'
③ 바닷속에서 나와 밤에는 빛을 발한다
④ 원숭이 소리로 사람을 부른다
⑤ 예언을 한다
이상과 같습니다.

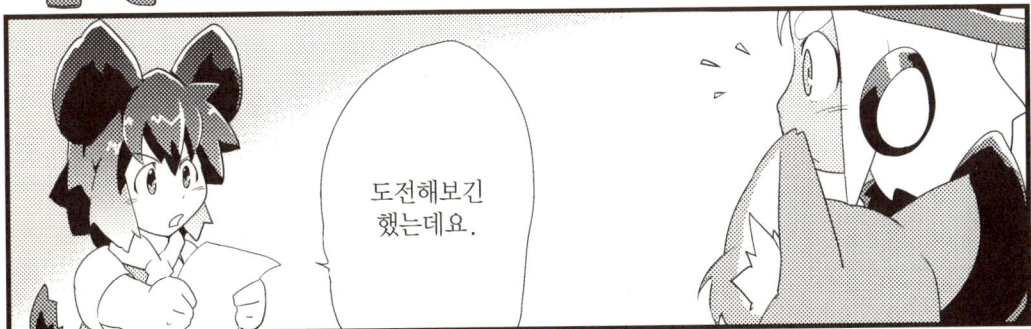

도전해보긴 했는데요.

요괴 '아마히코'

캐릭터 설정 :

원숭이처럼 생긴 요괴. 어린아이의 건강을 기원하며 만들던 전통인형 '사루보보'가 변신한 캐릭터. 돌림병으로 죽은 아이들을 안타깝게 여겨 요괴로 변신했다.

어린아이들이 사는 동네에 나타나 앞으로 유행할 돌림병을 예고하며 다닌다. 어린애 같은 성격 탓에 말에 '사족'이 많다.

하나도 재미없어, 노구치. (오쓰카)

보강 2교시 끝

저자 후기
오쓰카 에이지

소설에도 영화에도 만화에도 연극에도 '이야기'가 존재합니다. 사실을 기록하는 다큐멘터리 영화나 뉴스 보도에도 알고 보면 '이야기'가 존재합니다. 어렵게 들리겠지만, '이야기'란 '정보'를 '나열하는 규칙'이라 보면 됩니다. 지금 여러분이 읽고 있는 이 글이 '단어'를 '나열하는 규칙'('문법')을 따르고 있는 것과 같은 이치입니다.

우리는 매일 같이 대화를 나누거나 메일을 보내거나 트위터에 끼적거리면서도 '문법'을 의식하지는 않습니다. 마찬가지로 소설이나 영화, 만화, '현실'의 배후에 있는 '이야기'(정확하게는 '이야기의 법칙')를 의식하진 않습니다. 여러분이 소설이나 만화, 영화의 '수신자'인 한, 사람들이 말을 하면서 일일이 '문법'을 의식하지 않듯, '이야기의 법칙'을 의식할 필요도 없습니다.

하지만 소설이나 영화, 만화를 '만들고자' 할 때는 '이야기의 법칙'이 필요합니다. '이야기의 법칙'도 '언어 문법'과 비슷하여 창작자는 별 의식 없이 익히고 사용합니다. 우리가 자신이 태어난 지역, 나라의 언어를 자연스레 습득했듯 '이야기의 법칙'도 어느 선까지는 '자연스레' 몸에 뱁니다. 아기가 태어나면 부모든 주위 사람들은 '말'을 가르치는 데 여념이 없으며 초등학교에 들어가면 한 번 더 단계별로 교육을 합니다. 하지만 자녀에게 '이야기의 법칙', 즉 이야기를 짓는 힘을 가르치려고 하는 어른은 거의 없습니다.

인간은 대체로 초등학교 입학 전에 기본적인 '이야기의 법칙'을 자연스레 습득합니다. 그중 절반가량의 아이들이 '자기도 모르는 사이' 습득합니다. 나머지 절반은 습득하지 못하지만, 이야기를 못 짓는다고 해서 사는 데 지장은 없습니다.

그러나 소설이나 영화, 만화를 '써야겠다' 마음먹는 순간, '지장'이 생깁니다. 만화를 그리고 싶지만 그리지 못하는 이유로 펜 사용법이나 배경을 '그릴 줄 모르기' 때문이라고 여기기 쉽습니다. 하지만 '이야기를 만들 줄 모르기' 때문인 경우가 많습니다. 그렇다면 '공부'해보자, 라는 것이 이 책을 낸 목적입니다.

'이야기의 법칙'이 언어의 '문법'과 같다면 귀찮더라도 '공부'만 하면 얼마든지 습득할 수 있습니다. '구문' 형태로 영문법을 배우고, 연습 문제로 영작문을 하면서 어거지로 외우듯이 '공부'하면서 습득해보자는 취지입니다. 물론 '자연스레' 습득하는 방법이 없진 않습니다. 영화를 하루에 몇 편씩 '퍼붓듯이' 몇 년간 계속 본다든지 매일 소설을 여러 편 읽는다면 가능합니다.

무라카미 하루키는 '퍼붓듯이' 소설을 읽고도 제대로 된 '이야기' 한 편 못 만들다 소설가가 됐고 『양을 쫓는 모험』을 쓰면서 어느 순간 이야기를 쓸 수 있게 됐습니다. 그 사이 무라카미 하루키가 남몰래 '이야기의 법칙'을 공부한 흔적이 있습니다.* 책에서도 언급했지만 조지 루카스 감독은 〈스타 워즈〉 시나리오 작업을 할 때 '이야기의 법칙'에 정통한 조지프 캠벨의 제자가 되기도 했습니다.

세계적으로 유명한 애니메이션 감독이 예전에 제가 가르치던 대학에서 특별 강좌를 한 적이 있습니다. 그가 제가 쓴 민속학 책(대학에서 민속학을 전공했습니다)에 나온 일본 민담을 읽고, 그 '이야기의 법칙'에 따라 시나리오를 썼다는 말을 듣고 놀랐었습니다. 굳이 먼 데서 찾을 필요도 없이, 이야기 작자로서는 별 재능 없는 저도 '이야기의 법칙'에 따라 이야기를 잘 만들어내고 있습니다.

아무리 효과가 있다한들 '공부'하기 좋아하는 사람이 어디 있겠습니까? 그래서 이 책은 '학습 만화'라는 옛날 방식을 채용했습니다. 그림을 담당한 노구치 가쓰히로는 아사리 요시토의 학습 만화 시리즈를 읽으며 자란 세대로, 이 책에 아사리 씨에 대한 존경의 마음을 담았다고 합니다. 입시 참고서 같긴 하지만, 노구치 군과 함께 이 책의 상급 판이라 할 수 있는 『신화 연습장』(키네마준포샤)이라는 책도 냈으니 관심 있는 분은 찾아 읽어보시기 바랍니다.

* 『이야기론으로 읽는 무라카미 하루키와 미야자키 하야오』, 오쓰카 에이지 지음, 가도카와on테마신서

참고 작품 목록

※ 국내에 번역된 도서는 번역본의 서지사항을 실었으며, 고전의 경우 작가명만 표기했습니다.

책

『개구리 중사 케로로』
요시자키 미네 지음, 서울문화사

『구로사기 시체 택배』
오쓰카 에이지 원작, 야마자키 호스이 그림, 가도카와쇼텐

『구조 의미론』
A.J.그레마스 지음, 다지마 히로시·도리이 마사후미 옮김, 기노쿠니야쇼텐

『그리스 신화 베르세우스의 서』
사이토 히로시 지음, 리론샤

『모빌 슈트 건담 THE ORIGIN』
야스히코 요시카즈 지음, 대원씨아이

『니벨룽겐의 노래』
작자미상

『다중인격 탐정 사이코』
오쓰카 에이지 원작, 다지마 쇼 그림, 대원씨아이

『도로로』
데즈카 오사무 지음, 학산문화사

『로미오와 줄리엣』
셰익스피어 지음

『루팡 3세』
몽키펀치 지음, 후타바샤

『마법민담 연구』
블라디미르 프로프 지음, 사이토 기미코 옮김, 고단샤

『망량전기 마다라』
오쓰카 에이지 원작, 다지마 쇼 그림, 가도카와쇼텐

『무로마치시대 이야기 대성 2』(노파)
요코야마 시게루·마쓰모토 다카노부 엮음, 가도카와가쿠게이슛판

『문학과 문화기호론』
유리 로트만 지음, 이소야 다카시 옮김, 이와나미쇼텐

『민담의 구조』
앨런 던데스 지음, 이케가미 요시히코 옮김, 다이슈칸쇼텐

『빨간 모자』
그림형제 지음

『셜록 홈즈 전집』
아서 코난 도일 지음, 백영미 옮김, 황금가지

『슈나의 여행』
미야자키 하야오 지음, 도쿠마쇼텐

『스즈미야 하루히 짱의 우울』
다니가와 나가루 지음, PUYO 그림, 이토 노이지 캐릭터 원안, 가도카와쇼텐

『신데렐라』
샤를 페로 지음

『신세기 에반게리온』
가라·가이낙스 원작, 사다모토 요시유키 그림, 가도카와쇼텐

『신판 다케토리 이야기 — 현대어역』
무로부시 노부스케 옮김, 가토카와쇼텐

『신판 일본 옛날이야기 1 — 일촌법사 외 전 19편』
쓰보타 유지 지음, 가이세이샤

『신화 영웅 그리고 시나리오 쓰기』
크리스토퍼 보글러 지음, 함춘성 옮김, 비즈앤비즈

『양을 쫓는 모험』
무라카미 하루키 지음, 신태영 옮김, 문학사상사

『어디로 갔을까, 나의 한쪽은』
쉘 실버스타인, 이재명 옮김, 시공주니어

『어스시의 마법사』
어슐러 K. 르 귄 지음, 이지연·최준영 옮김, 황금가지

『영웅 탄생 신화』
오토 랑크 지음, 노다 아키라 옮김, 진몬쇼인

『오이디푸스왕』
소포클레스 지음

『올리버 트위스트』
찰스 디킨스 지음

『마하바라따』
박경숙 옮김, 새물결

『원형과 무의식』
칼 구스타프 융 지음, 융저작번역위원회 옮김, 솔

『이상한 나라의 앨리스』
루이스 캐럴 지음

『이즈의 무희』
가와바타 야스나리 지음, 신인섭 옮김, 을유문화사

『정신분석 강의』
프로이트 지음, 홍혜경·임홍빈 옮김, 열린책들

『천의 얼굴을 가진 영웅』
조지프 캠벨 지음, 이윤기 옮김, 민음사

『키친』
요시모토 바나나 지음, 김난주 옮김, 민음사

『통과의례』
아르놀트 판 헤네프 지음, 아아베 가키오·아야베 유코 옮김, 고분도

『현대어역 일본서기』
후쿠나가 다케히코 옮김, 가와데쇼보신샤

영화·애니메이션

〈미토고몬〉(일본 TV드라마)

〈벼랑 위의 포뇨〉
미야자키 하야오 감독

〈센과 치히로의 행방불명〉
미야자키 하야오 감독

〈수퍼맨〉
리처드 도너 감독

〈스타 워즈〉
조지 루카스 감독

〈엄마 찾아 삼천리〉(일본 TV애니메이션)

〈코쿠리코 언덕에서〉
미야자키 고로 감독

〈하울의 움직이는 성〉
미야자키 하야오 감독

오쓰카 에이지의
스토리텔링 강의 시리즈

스토리 메이커 – 창작을 위한 이야기론
선정우 옮김 | 276쪽 | 15,000원

반복 훈련을 통해 '이야기의 문법'을 익힐 수 있도록 한 실용적 창작 입문서. 어린이 문학론, 오토 랑크의 영웅신화론, 조지프 캠벨의 단일신화론 등 5가지 이야기론을 통해 이야기의 기본 구조를 설명한다. 2부에는 만화, 애니메이션, 영화, 소설 등에 활용 가능한 플롯을 뽑아낼 수 있는 30개의 질문과 해설을 실었다.

캐릭터 메이커 – 캐릭터를 만들기 위한 6가지 이론과 워크숍
선정우 옮김 | 268쪽 | 15,000원

라이트노벨, 만화, 애니메이션, 게임에 등장하는 '캐릭터'는 작품의 성패를 좌우할 뿐 아니라 상품으로서 소비되고, 2차 창작에 사용되기도 한다. 어떻게 하면 매력적인 캐릭터를 만들 수 있을까? 이 책은 이야기 구조론에 기초하여, 이야기에서의 역할을 고려하여 캐릭터를 만드는 방법을 설명한다. 그리고 각 장의 끝에 즉시 활용할 수 있는 캐릭터 제작 매뉴얼을 담았다.

이야기 체조 – 이야기를 만들기 위한 6가지 레슨
선정우 옮김 | 240쪽 | 15,000원

대체 소설에 뭘 쓰면 좋을까. 답은 단순하다. 이야기를 쓰면 된다. 그렇다면 이야기는 어떻게 만들까? 이 책은 이야기의 기본 구조를 이용해 소설 쓰는 법을 알려주는 6개의 강의로 구성되어 있다. 옛날이야기의 구조와 그레마스의 행위자 모델을 활용해 플롯을 만드는 방법, 무라카미 류의 소설 구조를 도작하는 방법, 만화를 노벨라이즈(소설화)하는 방법 등을 알려준다.

캐릭터 소설 쓰는 법 개정증보판 – 살아 있는 캐릭터 만들기
김성민 옮김 | 344쪽 | 16,000원

지금은 '라이트 노벨'로 총칭되는 애니메이션, 만화 등을 소설화한 '캐릭터 소설'에 관한 책이다. 만화, 드라마, 영화, TRPG 게임을 넘나드는 풍부한 예시로 비평의 전통을 갖지 못한 캐릭터 소설론의 단점을 보완하고자 했다. 일반적인 문학의 방법론으로는 해결되지 않는 캐릭터 소설의 창작법에 대한 지은이의 고민과 나름의 해결책, 소신을 담고 있다.

국립중앙도서관 출판예정도서목록(CIP)

이야기 학교
오쓰카 에이지 글 ; 노구치 가쓰히로 그림 ; 옮긴이 : 김성민. — 서울 : 북바이북, 2014
 p. ; cm

원표제: まんがでわかる物語の学校
원저자명: 大塚英志, 野口克洋
일본어 원작을 한국어로 번역
ISBN 979-11-85400-05-1 07800 : ₩13000

만화[漫畵]

657.1-KDC5
741.5-DDC21   CIP2014023382

2014년 8월 18일 1판 1쇄 인쇄
2014년 8월 28일 1판 1쇄 발행

지은이   오쓰카 에이지 글 · 노구치 가쓰히로 그림
옮긴이   김성민
펴낸이   한기호
펴낸곳   북바이북
　　　　 출판등록 2009년 5월 12일 제313-2009-100호
　　　　 주소 121-839 서울시 마포구 서교동 484-1 삼성빌딩A동 2층
　　　　 전화 02-336-5675 팩스 02-337-5347
　　　　 이메일 kpm@kpm21.co.kr
　　　　 홈페이지 www.kpm21.co.kr

값 13,000원
ISBN 979-11-85400-05-1 07800

북바이북은 한국출판마케팅연구소의 임프린트입니다.

MANGA DE WAKARU MONOGATARI NO GAKKO
Copyright ©2013 Eiji Otsuka / Katsuhiro Noguchi
All rights reserved.
Korean translation rights arranged with Eiji Otsuka / Katsuhiro Noguchi
through COMICPOP Entertainment.